生命と情報の倫理

『新スタートレック』に人間を学ぶ

渡部 明 著

WATANABE Akira

ナカニシヤ出版

はじめに

現在、宇宙論は花盛りである。もちろん、今日の科学的宇宙論が成立するまで、宇宙を理解しようとする試みがなかったわけではない。古代ギリシアの昔から、さまざまな宇宙観が登場し、つねにコスモスは考察の対象だったのである。とはいえ、われわれの銀河系外に銀河があることや宇宙が静的なものであることがはっきりしてきて、科学的宇宙論が成立したのは一九二〇年代になってからなのである。実践的には観測技術が発達したことと、理論的には一般相対性理論と量子力学の登場がその理由である。一九五七年に旧ソビエト連邦が初めての人工衛星スプートニク一号を打ち上げることによって、人類が宇宙への第一歩を踏み出してから、宇宙開発技術はめざましい発展を遂げた。一般の人が宇宙旅行をする時期もそう遠くはないだろう。このような状況下、ＳＦテレビドラマ・シリーズである『スタートレック』は生まれたのだ。このドラマは明るく楽観的な未来像を描いてはいるが、現代の社会に対するさまざまな問題提起も行なっており、単なるＳＦを超えた、哲学・倫理学的に考えさせられることの多い人間ドラマである。宇宙関連事業関係者にもファンは多く、かのスティーヴン・ホーキング博士も自らの講演で『スタートレック』を引用するなど影響も大きい。

まず、ドラマの舞台の説明をしよう。宇宙船エンタープライズ号が活躍する『新スタートレック』の舞台は二十四世紀の世界である。この世界設定を簡単に見てみよう。科学の分野では、光速を越えるワープドライブ機関の発明により、人類の行動範囲は飛躍的に広がった。さらにエネルギーを物質化するテクノロジーにより、いくつかの驚異的なことが可能になった。宇宙船から惑星上など、ほかの場所に人間や物質を移送する「転送」技術。物質を作り出す技術である「レプリケーター」とそれを応用した仮想空間体験システム「ホロデッキ」などである。そして政治の世界では、二十二世紀初頭に統一政府が誕生した地球を中心に、惑星連邦が形成された。運営は連邦議会によって行なわれ、加盟惑星による合議制をとっている。加盟惑星も議会形式による民主的政治形態をもつ惑星が多い。地球では、統一国家が形成されたため、人種間の混血あるいは異星人との混血や文化の融合も進んでいる。また経済では、二十三世紀以降、いわゆる通貨制度は惑星連邦においては、レプリケーターの普及によりほとんど消滅している。レプリケーターの出現によって、ほとんどのものはエネルギー変換で手に入れることができるようになったため、貧富の格差はほぼ消滅した。惑星どうしの商取引は、技術や資源の交換が中心になっている。貨幣経済の消滅により、人間が自分を磨くことが価値の中心になっている。しかし、所有から解放された世界にもかかわらず、エゴイズムと私有財産制の拠点である家族制度は存置されており、マルクスならびっくりするだろう。

このような舞台設定を見ると、ある種の楽観的なユートピア主義がベースになっているお伽噺《とぎばなし》のようにも思われる。しかし、このように技術がどれだけ発達しても、社会が変化しても、なお残る問いがあるのではないだろうか。それは、「人間とはそもそも何か」「人間は何をなすべきなのか」である。宇宙時代の倫理・人間観は現在のわれわれのそれとどのように違うのだろうか。哲学・倫理学的に人間を考えることは、ある種の普遍的な問いへ自らを開くことなのか。このようなことを『新スタートレック』のエピソードに即して、いろいろと考えてみたいと思う。

二十四世紀の技術といわれるものが、現在の科学的知見から見て可能かどうかは疑わしいところも大いにあるが、サイエンス・フィクションであるということで、大目に見てもらえれば幸いである。（とはいえ、『スタートレック』は科学考証の正確性を期すためにＮＡＳＡの助言も受けている）。そして、思考実験の場として『スタートレック』の世界を借りて、人間を哲学・倫理学的にともに考えていこう。

あらかじめ、本書の概要を示しておこう。各章はいずれも『新スタートレック』のエピソードを導きの糸にして展開される。

序章「人間とは何か ―― 個体の地平」では、人間の定義に関わる問題を扱う。ポイントは、人間とアンドロイドを比較することによって、哲学的人工知能論や量子コンピュータなどを話題にしながら、本書のキーワードである「個体と特殊者」（オリジナル－コピー）としての人間概念を提示することである。

第Ⅰ部「ネットワークの倫理――ひと一般の地平」は情報倫理の問題圏を動く。第1章「自我の不在あるいはインターネット」では、人間関係のネットワーク性のありようが論点である。電子ネットワーク内の存在を特殊者のレベルに位置づけ、情報空間（サイバースペース）の特殊なありようやハッカーの倫理を扱う。そして、情報倫理の問題は、現実社会と情報空間における人間関係の差異によって惹《じゃっ》起《き》されるということを論定する。

第2章「人格の問題」では、人格の問題を所有の観点から再考する。人格の同一性の問題を出発点に、電子ネットワークにおける「私」と「所有」の関係を考察し、さらには人格と非人格の関係性として倫理性A（個体性の倫理）・倫理性B（特殊者の倫理）を取り出す。

第3章「コミュニケーション」では、他者性の問題を言語の問題あるいはコミュニケーションの問題として倫理的に考察する。情報とメディアの概要も確認しながら、「心」というのはそもそもコミュニケーション（これは言語/非言語的コミュニケーションを問わず）や社会的な関係（倫理性Bから倫理性Aへの移行）によって成り立つと考える。第Ⅰ部においては、倫理の基礎である人間関係を、関係そのもの（第1章）・関係の主体（第2章）・関係のありよう（第3章）に焦点を当てて、情報という観点から論じたともいえよう。

第Ⅱ部「生命の倫理――コピーの地平」は生命倫理の問題圏を動く。第4章「遺伝子操作惑星と人工妊娠中絶」の論点は、必要な人間と不必要な人間の区別ということである。その場合、不必要な人間とは一体誰なのかを中絶一般の問題として考える。これを従来の生命倫理のアプローチを整理し、個体と特殊者の観点を導入して、あらたな枠組みを提示することによって論じる。

第5章「医の倫理」では、人間の自由の問題が生の選択に存しているということ。つまり、自分の生を生きるということはどういうことかということを問題にし、所有と存在の問題としてあらためて考える。そして、社会に不必要だという観点で考える能力主義（A）（特殊者の地平）から、その生固有の価値を認める観点で語られる「能力主義」（B）（個体の地平）への移行の必要性を提起する。

第6章「死刑の倫理」では、生命倫理の本質的な要素である「殺すことの正当化」の頂点である刑罰、すなわち死刑の存廃論の構造を社会の選択という観点で扱う。先の能力主義（A）（特殊者の地平）と「能力主義」（B）（個体の地平）を死刑存廃問題とリンクさせ、生命倫理というフィールドで死刑問題と人工妊娠中絶問題とを並行的に語りうることを示し、「個体と特殊者」のスキームを使って整理する。第Ⅱ部においては、「生かすこと／殺すこと」という倫理的問題を必要／不必要の区別そのもの（第4章）、区別の根拠（第5章）、区別の構造（第6章）に焦点を当てて、生命という観点から論じたともいえよう。

全編を通して、「個体と特殊者」をキーワードにして、『新スタートレック』のエピソードに即した思考実験を行ないながら、倫理の本質的な要素を現実的な生命・情報倫理の具体的な場で提示することを試みたつもりである。とはいえ、これがどこまで成功しているかは、読者の判断をまつしかない。本書が情報倫理、生命倫理を再考するために、ひいては人間のあり方を探ることに少しでも役立つならばこれ以上の幸いはない。

… to boldly go where no man has gone before!

渡部　明

生命と情報の倫理

――『新スタートレック』に人間を学ぶ――

＊

目次

生命と情報の倫理

――『新スタートレック』に人間を学ぶ――

序章　人間とは何か
――個体の地平――

1　人間の定義

†人間の不思議さ

人間とは謎めいた不思議な存在である。ギリシア悲劇の『アンティゴネー』（三三二―三七五行）にも、人間の不思議さを人間のもつさまざまな知恵で示した詩句がある。まずは古代の詩句から人間を見てみよう(1)。

不思議なものは数多くあるけれど

人間より不思議なものは何もない。
真冬の南風によって
灰色の海を人間は渡っていく、
全てを飲み込むうねりを
通り過ぎて。神々のうちで
至高の女神、滅ぶこともない、
尽きることもない大地を疲れさせる、
来る年も来る年も鋤を動かし、
馬の族で耕し返しては。

軽い思いの鳥の類も
野に生きる獣の種類も
大海の潮に生きる生物も
織りあげた網の環で囲んで
捕まえるのも利発な人間である。
また山野を行く野獣をも

手だてによって打ち負かし、
たてがみなびかす馬にも
疲れを知らぬ牛にも
首の回りに軛をつける。

言葉も、また風より早い
思いも、また町の法律を守る
気もちも、人間は自分で習った。
野宿につらい霜の、天空からの矢をも
激しい雨の矢をも避けるようにと、
あらゆる工夫を行う。何事が
起こっても手だてなしに向かうことはない。
ただ死の神ハデスから逃れる工夫は
見いだせない、もっとも癒し難い病気の避け方は
考えだしたとはいえ。

技術の巧みな知恵をもつけれど、
期待にはずれ、時には禍へ、時には幸いへ
人間は歩み行く。
大地の掟と神々に誓った正義を
遂行する者は名誉ある国の民である。
大胆不敵のゆえに善からぬことに
加わる者は国を滅ぼす者となる。
こういったことを行う者が
私の炉辺にいないように、
私の考えがその者と同じでないように。

この詩句で人間の知恵とされているものは航海・農耕・狩猟・漁労・牧畜の技術や言語・思考・社会形成能力そして衣住の知恵、医学さらには倫理や宗教に基づく正義である。人間のもつ知恵は多種多様で偉大である。しかし、このような知恵をもつ人間は禍へと進み行くし、不正を行なって国を滅ぼすこともあるのだ。これらのたくさんの知恵が人間の不思議さを特徴づけているということが、ソフォクレスの詩句からわかる。

†人間を定義する

一方、このような複雑で不思議な存在者を一言で特徴づけようとする試みがある。それは人間の定義である。定義とは、伝統的には、類と種差とを定義項として、概念の外延（集合）と内包（性質）を定めることとされている。例えば、「人間は理性的な動物である」という定義において、人間という種は動物という類と理性という種差によって定義されるといった具合にである。ここでは概念の内包を一言で表わすことによって人間学的規定をなすことが定義であると緩やかにおさえておこう。このような試みは過去に多様な仕方でなされた。「理性をもつこと」を本質的な要素と考えて、人間を理性的存在として捉える規定は有名だが、他にも「道具を作ること」を本質的要素と考える「工作人」（homo faber）という規定、「象徴を作る」ということを本質的要素と考える「シンボル人」（homo symbolicus）という規定、あるいは「遊ぶ」ということを本質的要素と考える「遊戯人」（homo ludens）という規定など枚挙にいとまがない。人間の本質としては、どれもがもっともらしいものである。

しかし、改めて考えると、人間とは一体何だろうか。何が人間を人間たらしめているのだろうか。どういう条件を満たせば人間と言えるのだろうか。二十世紀になって、人間を中心として考える世界観に疑問が呈され、人間中心主義が批判にさらされた。現在を生きるわれわれにとって「人間」概念は従来以上に混沌の中に入り込んでいるのかもしれない。このことを考えるために、早速『スタートレック』の世界に入ってみよう。

2　データ少佐のプロフィール

『新スタートレック』には魅力的な登場人物が数多く現われるが、中でも人気が高く、多くの人から愛されているのはヒューマノイドではなくアンドロイドのデータ少佐であろう。「人間になりたい」という強い欲求をもつ、ピノキオのような孤独な存在である彼は、われわれを「人間の本質」（もっとも、そんなものがあればだが）あるいは「人間の不可解さ」を問うことに導いてくれる。彼はアンドロイド（人間もどき）という点で人間ではないが、哲学・倫理学的観点からは誠に興味深い存在なのである。ここでは、「コンピュータは思考することができるか」、あるいは「コンピュータは心をもちうるか」といった問いに代表される人工知能の哲学的考察にも言及しながら、アンドロイドのデータ少佐は人間とどこが違うのか、あるいはどこが同じなのかを考えてみることにしよう。これはきっと人間の定義に関わるだろう。

† アンドロイド・データ少佐とはどんな存在なのか

さて、最初にアンドロイド・データ少佐のプロフィールを見てみよう。

宇宙艦隊エンタープライズ号のクルーの一人であるデータ少佐は超天才科学者ノニエン・スーン博士よって造られたアンドロイドである。心臓部は陽電子頭脳（Positronic brain）であり（アイザック・アシモフのSF小説にちなんでいる）、反物質である陽電子を使いながら安全に機能させる方法や、基本的な原理などの詳細は不明である。データの頭脳は、自己学習型で神経回路網（ニューラルネット）が次第に成長していく仕組みになっている。物理的に頭脳の容量が許す限り、ネットワークはいくらでも拡張してゆくことができる。また、演算速度を飛躍的に高めるためのデータリンク（positronic data link）同士の双方向性同期システムなど、画期的な技術が用いられているらしい。驚くべきことに、データ自身がそれを完璧に理解している。

データの演算能力は、二十一世紀のコンピュータとは一回当たりの演算内容も演算方法も異なるであろうから、単純には比較できないが、六〇兆回／秒とのことである。また、約一〇万テラバイト（一億ギガバイト）の記憶容量（八〇〇×一〇の一五乗ビット）をもつ。ある試算に拠ると、人間の記憶容量は約〇・四テラバイトほどであるという。この試算に基づけば、データは二十六万人分の記憶容量をもつことになる。

彼は人間と同じように感情をもつことを望むが、なかなかうまくいかない。感情はもたないものの、芸術に興味をもつようなプログラムを組み込まれているので、油絵やバイオリンや作詩などを手掛ける。しかし、感性をもたないので、出来映えは今一つである（計算するロボットとは違う芸術を作り出すロボットの実現可能性については、土屋賢二『猫とロボットとモーツァルト』の卓越した論考を参照のこと）。

†ニューラルネットワークと量子コンピュータ

さて、アンドロイド・データ少佐を理解するときのポイントとなるのはニューラルネットワークと量子コンピュータということになるので、これを少し解説しておこう。

現在、ニューラルネットワーク（神経回路網）の研究には、動物の神経回路の研究とそれから派生した人工的な神経回路の研究がある。前者はＢＮＮ（Biological Neural Networks）、後者はＡＮＮ（Artificial Neural Networks）と呼ばれる。データに関してはＡＮＮが問題である。ＡＮＮはニューロン（神経細胞）と似た振る舞いをするユニットから構成されるシステムで、何らかの情報処理を行なう。実際のニューロンはいろいろ複雑なことをしているようだが、ＡＮＮで使われる抽象化されたニューロンは、（１）一つの数値で表わされる活動状態（興奮度）をもつ。（２）各ニューロンは他のニューロンとＢＮＮのシナプスに相当するウェイトを介して結合しており、次に述べるように、各ニューロンの活動状態とウェイトの強度は結合ニューロンの活動状態に影響を与える。

一つのニューラルネット（ＡＮＮ）は、文字認識などのある機能を実現するために、設計によるマクロな情報伝達内部構造（マクロのダイナミックス）をもつ。機能によっては異なるタイプの情報伝達内部構造が必要であり、さまざまなタイプのニューラルネットが考案されている。しかし、ニューロンレベルでミクロに観れば、すべてのタイプのニューラルネットにおいてニューロン活動の伝播ダイナミクスは同様である。これはあるニューロンの活動状態が他のニューロンの活動状態に影響を与える仕方を規定したものであり、影響の強さは各ニューロン間に介在するウェイト（重み）の数値に依存する。ウェイトはＢＮＮとのアナロジーでシナプス連結強度とも呼ばれるが、ＢＮＮにおけるシナプスと学習の関係と同様に、ＡＮＮにおいてもウェイトを変化させることによって学習が可能となる。

すべてのタイプのニューラルネットが学習ダイナミクスをもつ訳ではないが、学習こそが知的人工システムとしてのニューラルネットの主要な特徴と言える。さらに、ウェイト学習に関わるパラメータの調整などのダイナミクスもあり、これらもまた広い意味で「学習」と言える。しかし、ここでは単に学習と言えば、ウェイト学習のことである。

データの頭脳はニューラルネットの未来像と言えよう。陽電子頭脳はきわめて精密で、量子レベルで作動しているものと考えられ、ある種の量子コンピュータと考えられるだろう。量子コンピュータとは、量子力学的に作動するコンピュータであり、量子効果ゆえの究極の並列処理コンピュータである。例えば一つの原子の二つのスピン固有量子状態を考える。このとき、この二つの固有量子状態の重ね合わせをキュービットと言う。すなわち、原子などの一つの量子に一つのキュービットが付随する。ここで、多数の原子という複合系の固有量子状態を考えると、この複合系は多数の固有量子状態をもつことになるが、量子系では、重ね合わせにより多数の固有量子状態を同時に処理できるのである。すなわち、量子力学演算に従って発展する波動関数（固有量子状態の重ね合わせ波動）を観測することによって計算結果として取り出したりすることができるというものである。現在のコンピュータはビットという0と1の二進法の状態しかとれないが、二つのキュービットからなる複合量子系では、0と0、0と1、1と0、1と1の四つの固有量子状態が可能となる。五〇キュービットでは二の五〇乗個の固有量子状態が可能となるが、この全ての固有量子状態を含んでいる量子状態を一度に処理できるので、五〇キュービット程度で現在の最大のコンピュータの処理能力を超えると言われている。大きさ的にも配線は原子一個の幅より細くすることができないが、これなら、究極的な状態に至れる。これが実現されるとどのくらい計算能力が高まるのだろうか。現在の予測では十億倍－五十億倍も高まるといわれている。四百桁の暗号解読には現在のスーパーコンピュータでも何十億年とかかるが、量子コンピュータでは一年程度で十分なのである。さらに、後述のように、意識の実現には量子効果が必要であるという説もある。

なにやら、難しい構造をもっているデータ少佐だが、ただのコンピュータを搭載したロボットではないということは確実に言えそうだ。この存在者の身分をめぐってひと騒動起きるエピソードが「人間の条件」（"The Measure of a Man"）である。技術時代の人間概念、つまりは現代の人間の定義をテーマにしたこの物語を簡単に紹介しよう。

3　問題提起

†「人間の条件」のあらまし

宇宙暦42523・7、新たに宇宙基地から転属された士官マドックス中佐（データの生みの親スーン博士のかつての弟子）が自分の研究のためにデータを分解することを目的とした異動命令をデータに告げる。彼の体を解析し、最終的には宇宙艦隊にとっての「有用性」ゆえにデータのコピーを作るためである。データは拒否するが、その意向は受け入れられない（艦隊の解釈に拠れば、データ少佐はコンピュータと同じく「物品」であり、艦隊の所有物だから）と、今度は退役を決意する。自分の研究のために他人の権利を侵害することはできないとのピカード艦長の反論に対して、マドックスは艦隊の所有物であるコンピュータを解体する際に、そのコンピュータの権利など考慮するだろうかと切り返す。この件は法務官によりデータが人権をもつかどうかの新たな裁定が下されるべく、諮問会へと舞台が移されることになった。データにも「自分の運命を選択する権利」があることをどうすれば諮問会のメンバーに納得させられるのかが問題である。マドックスは人権が認められるためには、人間の条件としての知性、知覚、自己認識の三つが必要であるという。そして、ピカード艦長はそれらがすべてデータに備わっていることを示してデータの基本的人権を認めさせることに成功するというのが本エピソードのあらすじである。

アンドロイド・データ少佐の法的身分を確定する諮問会がこの話の最大の見所なので、少し再現してみよう。基本的にはデータが機械なのか、それとも「心をもつ存在」なのかが論点である。マドックス側についたライカー中佐（データの上司）はデータを喚問する。ライカーは巧みにデータがスーン博士に作られたアンドロイド、つまり「機械」であることを立証していく。ライカーは鋼鉄の棒をデータに曲げさせ、そしてデータの腕を引き抜く。そして「人間にスイッチはない」と言いながら、データのスイッチを切ってしまう。他方、ピカードは問題の本質は「データが何者かの所有物であることが本当に認められるのか」ということであるとし、マドックスを喚問した。ピカードは「心をもつものの条件」を尋ねる。「知性、知覚、自己認識力をそなえていること」とマドックスが答えると、なぜデータにはそれがないのかと言えるのかと聞き返す。ピカードは自分と同様にデータもその条件を備えていると説明する。そしてもし仮にデータの複製が何千体も作られれば、それは「コピー」ではなく、一つの「心をもった種族」になるだろうと言い、改めて「データは何だ」とマドックスに問うた。ピカードの問いにマドックスは答えることはできなかった。ピカードは「われわれ、そしてデータが何者なのか。それはわれわれ、そして将来作られるであろうレプリカントの未来を決定する」と法務官に告げた。彼女はデータが何者かであるか断言することはできないが、その答を見つけるのはデータ自身であり、そのためにも基本的人権を認めると結論を下したのだった。

†人工知能の可能性と所有の問題

このエピソードからわれわれが考えるべきことは何だろうか。まず、誰でも思い浮かべるのは人工知能の問題だろう。人工知能の問題とは、基本的には知るというプロセスを機械に代埋させることができるかという問いに集約できるだろう。人間の精神活動を一種の情報処理とみなすことがその前提である。この問いはコンピュータは人間のように考えうるのか、心をもちうるのか、権利をもちうるのかなどと言い換えることもできよう。人工知能的アプローチから「データ＝人工物は人間なのか」「心の諸条件は何か」あるいは「心とは何か」といった問いを立てうる。しかし、哲学的人工知能論に対しては、後述のドレイファスの主張のような決定的に見える批判もある。データはただのコンピュータではないにしても、果たしてこのアプローチでデータ少佐が人間かどうかという問題に迫ることができるのだろうか。

さらに、所有の問題も提起できる。われわれが「所有する」というときに何が生起しているのか。この観点から、ロボットのコピーや奴隷化の問題が生じる。ここで扱われているのはデータの災難だけではなく、「奴隷」という制度に象徴される、人間なら誰でももっている他人に対する「差別」という問題もかかわっている。また、有用性という立場の検討、さらに、人間改造の問題も射程に入ってくるように思われる。有用性の観点から言えば、人間はどんどん改造した方がよいのかもしれない（医の倫理の問題については第5章で扱うことにしよう）。

4　哲学的人工知能論からのアプローチ

さて、データが人間かどうかを考えるために、現代の人工知能論にさしあたり目を向けてみよう。人工知能の究極的な目標は人間と同様の知性をコンピュータ上で実現することである。もっと強く人間同様の意識をもつロボット制作を目標に掲げる研究者もいる。ここでは知覚・記憶・思考といった人間知能の人工化と一応おさえておこう。人工知能の研究は一九五〇年代（チューリングテスト）から始まり、八〇年代に華々しくピークを迎えたが、現在は地道な研究に落ち着いている状況と言えよう。

†「中国語の部屋」とフレーム問題

人工知能論に対しては、哲学・倫理学の立場からの批判は根強い。反人工知能論の立場からの批判を挙げてみよう。

例えば、言語哲学者サールによる問題提起に「中国語の部屋」というものがある。これは、たとえどんな答えをコンピュータから引き出したとしても、コンピュータ自身は「記号」の意味そのものを理解していないし、理解のないところには知性はないということを示そうとしたものである。例えば、英語しか理解しない人を中国語の中中辞典と漢字のカードをもたせて、あるボックスの中に閉じこめたとしよう。そこへ外部からある漢字のカードが送られると、辞書を引いてその記述と同じ漢字のカードを差し出す。これを理解するのは外部の人間であり、ボックスの中の人は何も理解してはいないのである。つまるところ、コンピュータの「知性」はボックスの中の人間と同じであるというものである。(2)

また、人工知能の研究分野には「フレーム問題」というものがある。要するに、有限の情報処理能力しかない人工知能には、与えられた世界のすべてを処理することはできないというものである。チェスやエキスパートシステム（問題の分析結果を提供するだけでなく、設計によっては利用者の行動を正しく導く指針を与えることもできるコンピュータプログラムの一種）のように情報処理の枠を与えれば計算可能だが、無限大の計算ができない限り原理的にはコンピュータはフレーム問題に突き当たり思考停止になる。チェスの世界チャンピオンであるカスパロフが一九九七年にスーパーコンピュータのディープブルーに負けたニュースは、ついに人工知能の誕生かと話題を呼んだ。しかしこれとてフレーム問題を解決したわけではない。

フレーム問題の困難さを説明するのに哲学者のデネットは「動けないロボット」という逸話を創作

している。以下のようなものである。

あるロボット一号が時限爆弾を仕掛けられている部屋から、バッテリーを取り出すように指令を受けた。部屋に入ったロボットはバッテリーを見事にもち出したが、バッテリーの上に爆弾が乗っていることに気がつかず、部屋の外で爆発に巻き込まれた。

この反省から作成されたロボット二号は「自分の意図したことにともなって環境に起こる、副次的な結果を認識する機能」をプログラムされたものだった。二号機は、バッテリーの前までいって、推論を始めた。「バッテリーを動かしても、部屋の色は変わらない」「バッテリーを取り出すとき、音がする」「バッテリーの重さは……」などと無関係な推論をしているうちに時限爆弾が爆発した。

三号機ではさらに、「目的としている行為に関係している結果と、無関係な結果の区別を教えて、関係のないことは無視する機能」を付け加えた。しかし、三号機はまったく動かなかった。三号機に「何をしているのか」と質問をすると「ちょっと静かにして。今、関係の無いことを見つけて、それを無視する計算をしています。関係の無いことは何千もありますから」。三号機が動き出す前に時限爆弾は、爆発した。

チェスゲームのように推論範囲が盤面上に限定されているうちはよかったが、人工知能が一歩実験室を飛び出すと、まったく動けなくなってしまうのである。人間は赤ん坊でも、自分に関係のないことは無視することができる。人間の知性は「フレーム問題」に遭遇しない。人間と人工知能との違いは「それでも人間は思考停止にならない」ということであろう。ある人にとって「これが世界だ」と思っているフレーム（枠）の外には意識が回らないことがある。もちろん、人間には有限な情報処理能力しかない。しかし、擬似的に解決しているのである。全部を計算しないで、適度なところで、結論を出してしまうのが人間なのだ。「思考とは計算である」（ホッブス／ライプニッツ）が人間知性の本質ではないのである。このことを看破したのがドレイファスである。

†ドレイファスの哲学的人工知能批判

情報処理と「理解」との関係やフレーム問題による人工知能批判を例に挙げたが、このような批判の中で決定的なのはドレイファスの哲学的人工知能批判であろう(3)。

ドレイファスは『コンピュータには何ができないか』の中で人間とノイマン型コンピュータの「情報処理」との差異を鮮やかに対比して見せてくれる。四つの観点から対比するのだが、それは図序－1のようなものである。

人間の情報処理過程は、コンピュータのそれとはまったく違うということを明らかにすることによって、逆に人間の認識様式の独自性をあぶり出そうとするドレイファスの試みは単なる人工知能批判を越えて、伝統的西洋哲学批判へと歩を進めるのだが、ここではその差異にだけに着目しよう(4)。

人間の知的な行為（チェス・翻訳・問題解決・パターン認識など）をコンピュータにシミュレート

図序－1　人間とコンピュータの情報処理

	人間の情報処理		コンピュータの情報処理
a	周辺意識	対	発見法に導かれた探索
b	曖昧性耐性	対	コンテクストを無視した厳密性
c	本質／非本質の識別	対	試行錯誤の探索
d	見通しのよいグループ化	対	特性リスト

させる場合、a－dの右側のような情報処理の手法が用いられるが、実はこれらは左側の人間独自の認識形態とはかなり違うのである。

簡単にまとめれば、ノイマン型コンピュータの情報処理パターンは基本的には「しらみつぶし」に可能性を探求し計算し、コンテクストを無視してもすべてを明示的に記述し、特性の一覧表を使うという形で認識する。これに対して、人間はすべてを明示的に考慮することなしに、意識の周辺にある情報を処理し、認識はコンテクストに依存し、洞察力を使って一気に把捉するという認識形態をもつ。

仮に、人間と同じ認識をするコンピュータがあるとすれば、それは、a意識の周辺にとどまる手がかりを使用し、bコンテクストを考慮し、cあるパターンの個別的事例において、本質的な特徴と非本質的な特徴を区別し、d個別性を範型的なケースとの連関のうちにおくことができなければならない。逆に言えば、これらのことができるコンピュータは人間知性をもつに等しいと言いうるのである。

とはいえ、理性的な計算能力だけではなく、身体・状況・意図や欲求が人間知性成立に大きな役割を果たすとドレイファスは考えている。それが、伝統的哲学の発想（記号主義・形式主義）を越えて人間を理解することになると主張するのだ。

このような意味においては、環境と相互作用のないコンピュータは、独自では知性をもつことができないということになる。では身体を具え、状況に依存し、意図や欲求をもつアンドロイドのデータは人間的知性をもっているのだろうか。

5　人間とアンドロイドは違うのか

†不完全性定理と人工知能

さて、量子コンピュータの情報処理という観点から考えて、人間とアンドロイドとの決定的違いは何であろうか。

データ少佐は自分には人間同様に意識があると断定している。しかしながら、機械が意識をもつとはいかなることなのだろうか。意識というものを、さらに本質的なレベルで考えてみる必要がある。

もし人間がコンピュータのように、入力された情報に対して正確な演算を加えるだけの機械であれば、これはドレイファスの批判にもあったように、意志とか意欲というものは出てこないであろう。しかし、意識や自由意志ということを突き詰めて考えると、究極的には原子・分子レベル、さらには量子レベルにまで考えを拡張せねばならないという説もある。そう考えると意識の本質というものは

「量子論的混沌」の中にこそ存在すると推察される。これはロジャー・ペンローズの発想である。(5)

チェスをするコンピュータは単純な算術の積み上げをするにすぎない、それが人工知能となるためには、算術的世界より深いレベルではそこで何が起こっているかということを本当に理解しなければならない。知性をもった機械を生み出すことが実現できないのは、論理的計算のアプローチによるものだからである。しかし、非計算的事実の存在は「不完全性定理」として証明されている。ゲーデルの不完全性定理は算術を公理化しようとすると、それが真実であることがわれわれには「わかる」にもかかわらず、事実であることを形式的には決して証明できないことがあることを証明した。第一不完全性定理は「いかなる論理体系において、その論理体系によって作られる論理式の中には、証明する事も反証することもできないものが存在する」というもの。第二不完全性定理は「いかなる論理体系でも無矛盾であるとき、その無矛盾性をその体系の公理系だけでは証明できない」というものである。この定理はコンピュータの分野でも人工知能の実現性と不可分である。この定理の延長線上に人工知能は作成できないが、「機械にできること」と「人間にしかできないこと」を再考するための一つの原点ということはできる。この不完全性定理がペンローズの量子脳理論の基礎になる。

人工知能を考える時、まずわれわれの脳について考えることが必要だ。ここでは計算はどのように働いているのだろうか。

†量子脳理論と量子コンピュータ

人間の脳をニューロン単位で見ると、機械仕掛けで動いているのではなく、量子力学的な「ゆらぎの効果」を用いることで「判断」を可能としているという説がある。つまり、われわれはあらかじめ結果が予測できる機械ではなく、将来に対して意志や決定の権利をもつことができるというものである。

長い進化の過程で人間の脳は量子力学の不確定性を使った、現代科学の能力を超える機能をもつに至ったとし、これが「意志」なり「心」の正体であるというのがペンローズの量子脳理論説である。それゆえ、このような量子力学の原理を用いたコンピュータの開発も検討できるのである（ただし、量子コンピュータと脳型量子コンピュータは混同されてはならないだろう）。

生命体は一般的に多数の細胞から成っているが、細胞は細胞骨格蛋白質や小胞体という構造物を骨組みにして、無数の酵素や化学物質が秩序良く連鎖的に反応するようにできている。それらの反応が集積して細胞としての「方針」が決定される。細胞はたくさん集まって臓器を形成し、個々の細胞は特殊なホルモンを互いに分泌し、細胞間の電気的接合によって臓器としての「方針」も決まる。臓器同士も互いに連絡をとり、体全体のバランスを保とうとする。

体の各部署には隅々まで神経が張り巡らされ、それらが情報を収集して脳へと送る。また自律神経系は無意識下に神経系を使って内臓のコントロールを行なう。ほかにも多くのコントロールメカニズムが存在する。われわれの意識というものは、無数の「細胞達のささやき」の上に立った大脳皮質での神経活動として認識されるものである。

このような巨大なシステムにもかかわらず、その中で発生する個々の情報は、ほとんど数分子以下の小規模なものである。試験管内での実験では、何億個という分子の統計的傾向が実験結果としてわれわれに認識されるだけであるが、細胞内では場合によっては重要な決定が分子一個で行なわれる可能性もある。

分子の振る舞いというものは、多数集まると統計的性質は再現性がある。何度やっても塩酸と水酸化ナトリウムを等量混ぜれば食塩水ができる。しかし個々の分子で見て行くと、反応するもの、しないものが入り乱れている。この状況は量子力学により初めて記述される(6)。

量子力学によれば、個々の分子の振る舞いは正確に予言できないのだという。その確率が波動関数というものによって推定されるだけであり、われわれが観測するまで反応したのかしなかったのかは確定されない。もし一つの蛋白質反応が何か重要な決定を担うとして、われわれは結果を推定することができるのであろうか。これはできないのである。反応を量子力学的に捉えるならば、たとえ神というものが宇宙に存在するとしても、推定不能である。

「あの時こうしていれば」と悔やんだり、「あの時これを選んで良かった」とほっとすることもある。われわれは何かの決定を下す時、いろいろな条件に比重をかけて判断する。後から振り返って反省する時、下した判断を完全に論理的に説明できるだろうか。たいてい不可能であろう。「われわれの意識構造が複雑だから全容を認識できないのだ」という説明もできようが、もし量子論が関与しているならば、それだけではない。そこには「量子論的混沌」が存在し、予測が不可能となる。先にプロフィールで記したように、データ少佐の陽電子頭脳は量子レベルで作働する。

データ少佐の行動には、とても「人間的な」場面が数多くある。その一方で、仕事をしている時の目にも留まらない正確な素早い動きなどは、とても「機械的」である。データの頭脳の大部分はコンピュータと大差無いが、部分的に「量子的ゆらぎ」を受け入れているのかもしれない。このように考えれば、量子コンピュータは人間の知性を実現することが可能なようにも思われる。もっとも、人間の脳の機能を再現できるという意味に限定されるのであるが。

とはいえ、意識や自由意志という問題を、量子力学に帰着する考え方は現在のところ異端中の異端であり、多くの科学者は脳の機能に量子力学は無関係だと断言しているとされる。脳の機能は量子力学、特に「波動関数の収束」問題に帰着できると結論するペンローズはむしろ少数派であろう。

量子脳理論と量子コンピュータの平行性がそもそも出発点からして問題を含んでいるとすれば、これでは答えは出ないように思われる。人間とアンドロイドはやはり違うのだろうか。

6　個体－コピー－ひと

人工知能論からデータが人間だと導くのは困難なようである。人工知能を実現するコンピュータと人間知性とを並行的に考えられないとするとデータが人間かどうかはどのように考えればいいのだろうか。

†個体と特殊者

この問題をまったく別の観点から、すなわち「個体と特殊者」の概念を使って考えてみたい。結論から先に言えば、データが人間であるとすれば、それは「個体」として捉えられている限りでということである。

まず、個体と特殊者の区別について考えてみよう。まず特殊者だが、これは「一般者－特殊者」（一般的には類・種系列で理解される区別である。この関係はもちろん相対的であるので、種・個系列にも転用できる）の系列で考えられる存在者である。特殊者にはあるタイプをもつ一般者が先行している。そして、特殊者は代替可能な存在者を意味している。これはさまざまにその特徴、あるいは属性を記述することのできる存在者である。それゆえ、さまざまな性質や利害関係をともなう。類－種－

図序－2　オリジナル（個体）とコピー（特殊者）

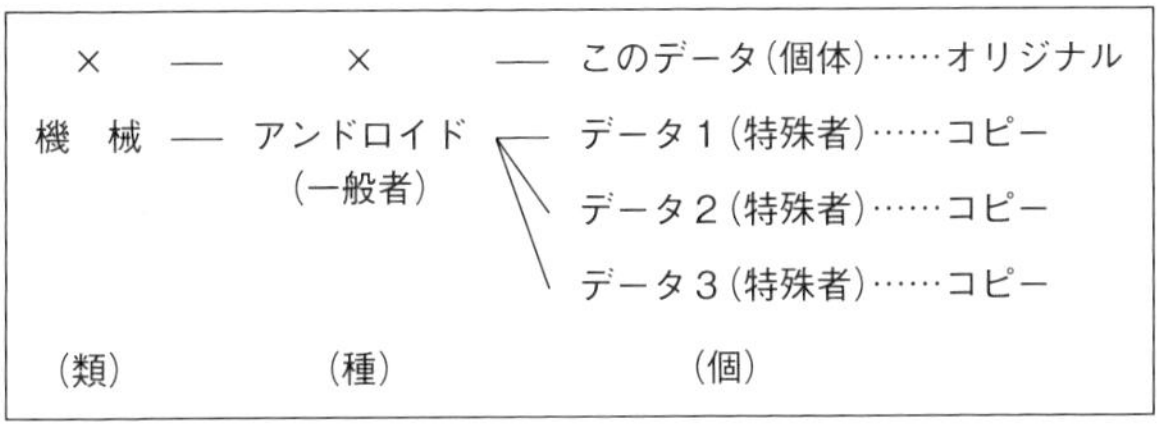

個の系列で言えば、「個」が特殊者である。しかし、この「個」はここでいう「個体」ではない。データのコピーをたくさん作れば、それらはすべて「個」である。それらは同じであるとか、違うとか比較や記述の対象になる。それに対して「個体」は一般者の先行を受けない唯一者を示していて、代替できないものとして位置づけられる存在者である。これは決して記述の束に還元できないものである。それゆえ、その性質や利害関係を記述しえない。そもそも記述による他との比較を拒否する存在者なのである。性質や利害関係の記述によって比較対照できるものは特殊者なのである。

　別言すれば、オリジナル＝個体でコピー＝特殊者と考えてみればよい。個体は「この人」といえる存在であり、特殊者は「ひと」一般という先行者をもつ存在である。図示してみよう（図序－2参照）。

†個体としての人間

　データはひとりしかいない、端的にかけがえのない存在である、だから個体なのである。本章のエピソードを思い出してみよう。マドックス中佐が自分の研究のためにデータを分解し、彼の体を解析し、最終的には艦隊にとっての「有用性」ゆえにデータのコピーを作ろうとしていた。このとき、データは特殊者（所有の対象）として捉えられていた。他方、ピカード艦長は人間の条件としての知性、知覚、自己認識の三つがすべてデータに備わっていることを示してデータの基本的人権を認めさせようとした。これはデータが物品ではなく、人間と同等の扱いをされる存在であることを証明するためである。それはなぜか。人間並みの知性があるからだろうか。それはもちろん、そうであろう(7)。

しかし、もっと大事なことはかけがえのない部下であるデータを失いたくなかったからである。これは明らかにデータを個体として捉えていることに他ならない。他のもので代替できないと考えているのである。データを分解することにためらいがあるとすれば、それは「この」データが端的に否定されるからに他ならない。もし、データがアンドロイド一般を先行者にもつ特殊者にすぎないのであれば、他のものが取って代わっても何の痛痒も感じないだろう。ここにこそデータを人間とみなす根拠があるのではないだろうか。

†特殊者としての人間

とはいえ、人間ですらも特殊者として扱われることはある。「I　ネットワークの倫理」で詳しく見ることになるが、簡単に触れておこう。例えば、デジタル情報が流通しているインターネットに代表されるサイバースペース（情報空間）を考えてみよう。この空間は、私見では「ひとの地平」すなわち特殊者の次元に属する。「ひと」とは、極言すれば、誰でもない、どこにもいない存在であり、このような「ひと」がサイバースペースの共同性を担っているのである。ネットワークに接続している人間は特殊者である。物理的な現実社会とサイバースペースを比較してみよう。現実社会が個体の地平（個体性）の上を動いているとすれば、サイバースペースはひとの地平（特殊者）のレベルで成立するように思われる。ここにオリジナルとコピーの区別はないからである。これは情報が基本的にはコピーであることと無関係ではあるまい。デジタル情報の世界では「ひとの地平・コピーの地平」が働いている。

さしあたり、もう一度強調しておこう。

オリジナルなものは置換可能ではない。このように考える立場は、かけがえのなさ、唯一者の価値というものを尊重する立場であり、オリジナルを重視し、コピー（置換可能なもの）を許さないような価値を認める立場であろう。これは個体の次元での発想である。

一方、置換可能性を認める立場は、コピーを容認する立場である。この立場では置換可能なものは所有の対象として捉えられる。これは、特殊者の地平での発想であろう。

情報倫理の諸問題はコピーやひとの次元で考えることから生まれるのではないだろうか。同じように生命倫理の問題も。いずれにおいても、オリジナル＝個体、コピー＝特殊者という観点がキーワードになるように思われるのである。

オリジナル＝個体、コピー＝特殊者という観点から人間とアンドロイドの違いを考えることに意義はないだろうか。そして、この観点は人間の定義に変更を迫るのだろうか。アンドロイド・データは果たして人間なのだろうか。

I　ネットワークの倫理

――ひと一般の地平――

第1章　自我の不在あるいはインターネット

1　ネットワーク内存在

†ネットワークとは何か——ボーグ（ネットワーク内存在）とは何か

ここでは電子ネットワークの倫理について考えてみることにしよう。そのために「浮遊機械都市ボーグ」（"The Best of Both Worlds"）というエピソードで初めて登場するボーグという異星人に焦点を当ててみたいと思う。彼らのネットワーク性がこのことを考えるための素材を提供してくれるからである。

しかし、その前にネットワークとはそもそも何かということに少し触れておいた方がよいだろう。

ネットワークの本来の意味は「より糸や針金が一つの網目の形態に配列されている物体[1]」の意であるが、それは実にさまざまなものに当てはまる。道路、鉄道、放送網、個人的交友など。ただ、ネットワークをコミュニケーションのモデルとして考える場合、基本的には図1－1のように一組の線と結節点（リンクとノード）に還元できるだろう。

この構造をネットワークの本質と考えよう。もちろん電子ネットワークもこの構造をもっているのであり、例えばわれわれがインターネットに接続するのはノードからノードへリンクするという関係性の内に入ることである。さて、ここで思考実験である。もし、人間とノードが同一のものであり、常にリンクしていたとしたら。ネットワーク内でのみ存在している者の問題、これこそが「浮遊機械都市ボーグ」で扱われているのである。

図1－1　ネットワークのモデル

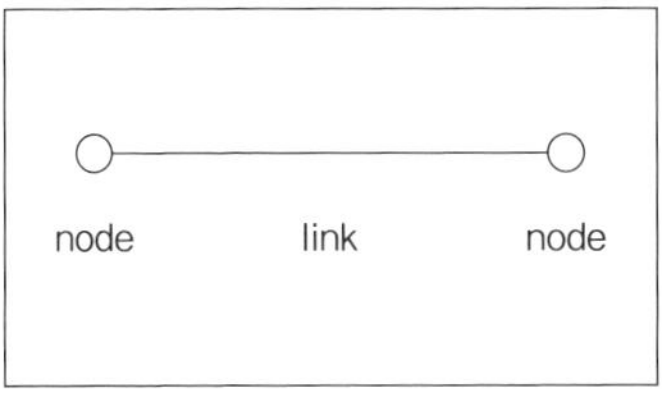

このエピソードのあらすじを簡単に見てみよう。

身体に機械（cybernetic device）を埋め込んでいる、ヒューマノイド型ハイブリッド生命体であるボーグが乗ったボーグ船が地球に向かってきた。ボーグはその脳に埋め込まれた知覚デバイスにより、他の仲間とリンクしている。そのために個人の自我というものは存在しない。ボーグ集合体という一つの意識集合体がその実体である。彼らの目的は、他のあらゆる科学技術の吸収と、他の文明と文化の破壊に限定されている。また、アシミュレート（同化吸収）という技術を用いて、他の生命体を仲間にし、その知識を吸収する。このようにボーグはさまざまな文明を取り込み進化してきた機械生命体なのである。これを迎え撃とうとしたエンタープライズはボーグ船のトラクタービームに囚われてしまう。そして突然ブリッジに現われたボーグたちによってピカード艦長は誘拐されてしまう。ボーグ船に連れ込まれたピカード艦長は情報を提供するよう要求されるが、これを拒否する。その結果彼はボーグに改造されてしまった。つまりボーグという意識集合体に取り込まれてしまったのだ。そして自らをロキュータスと名乗るボーグの代弁者としてピカードはエンタープライズに現われ、地球征服を宣言する。ボーグ集合体とロキュータス（つまり艦長）の間はリンクしているため、ピカードとボーグの部分を切り離すことができない。アンドロイドのデータ少佐が機械であるロキュータスとの交信を試みることになった。そしてロキュータスを使い、ボーグ人の命令系統に侵入しようとする。インターフェイスとなったデータ少佐は、抵抗するロキュータスを抑え込み、ピカードの個性を呼び戻し、自分の陽電子脳で直接ボーグの指令系に侵入することに成功する。その途中でピカードの意識が戻り、データ少佐に睡眠命令を出すように指示する。データ少佐はその通りボーグの指令系に命令をロードした。「眠れ！」と。ボーグは活動を停止し、エンタープライズはボーグ船の破壊に成功する。(2)

このボーグのエピソードからわれわれは何を読みとることができるであろうか。ボーグはまさにグローバル・ブレインそのものである。いわば常時接続のネットワーク的存在者と言ってよいだろう。

その特徴は「私」の不在である（いつでも監視下にある「私」の不在（サルトル））。彼らは自分のことを「われわれ」としか呼ばない。彼らの世界には一人称単数が存在しない、つまりは個人が存在しないのである。等質化された「ひと」（三人称）の地平の存在者である（「ひと」についてはあらためて次節で見る。ここではボーグの世界とサイバースペースとの類似性を見てとることができるとだけ言っておこう）。これをハイデガーの「世界内存在」にならって、「ネットワーク内存在」と呼ぼう。このような関係性においてはどのような規範が通用するのだろうか。また、われわれのサイバースペースとどこが異なるのだろうか。

†ネットワーク内存在のモデル

われわれ人間のネットワークにおける関係性とボーグの関係性をモデルで示してみよう。先に見た、ノードとリンクの構造を応用しよう。まず、ボーグという集合体の関係性とその世界への関わりをモデル化してみよう。ボーグの世界は完全に閉じたシステムである。外界とはまったく切断されている。実体は一つの意識をもった集合体そのものであり、すべてリンクしている個々のボーグはその一部にすぎない。いわば、不定の対象を表わす変項である。「われわれの内的世界は無数の〈力への意志〉の集合体であり、同一性を保つ自我などは存在しない」というニーチェの考えが思い起こされる。(3) 図1－2のような関係になるだろう。

図1－2　ボーグの在り方のモデル

実体	変項
↓	↓
ひとつの意識集合体（ボーグ）	個々のボーグ
存在としては関係性全体でひとつ。	個体のように見えるが、単なる機能にすぎない。

外界のルールはまったくボーグには関わらない。ネットワーク内のルールがすべてである。図1－3を見てみよう。aとa′とa″は個々のボーグだが、それぞれは単体では意味をなさない。関係性の中で初めてそれぞれの機能を果たすことができるのである。そして、ルールは「他のあらゆる科学技術を吸収し、他の文明と文化を破壊せよ」という至上命令だけであり、外界のルールとは共約不可能である。このような排他的なルールを現実に認めるわけにはいかないが、リンクとノードという関係性だけを取り上げれば、われわれのネットワークと似ているような感じである。

　では、これをわれわれのネットワークに当てはめてみよう。ネットに接続するわれわれもある意味ではネットワーク内存在であるのだ。しかし、われわれはボーグのような閉じたシステムの中だけで生きているわけではない。現実社会のルールに従い、なおかつネットワークにも繋がっている。これをモデルで示してみよう。図1－4を見てみよう。a′やb′やc′は個体としての人間である、これらは現実社会の中で様々な人間関係を営んでいる。しかし、同時にネットワーク内ではaやbやcのような「ひと」としてネットワーク内で独自の人間関係も構築している。ここが

図１－３　ボーグと世界の関係

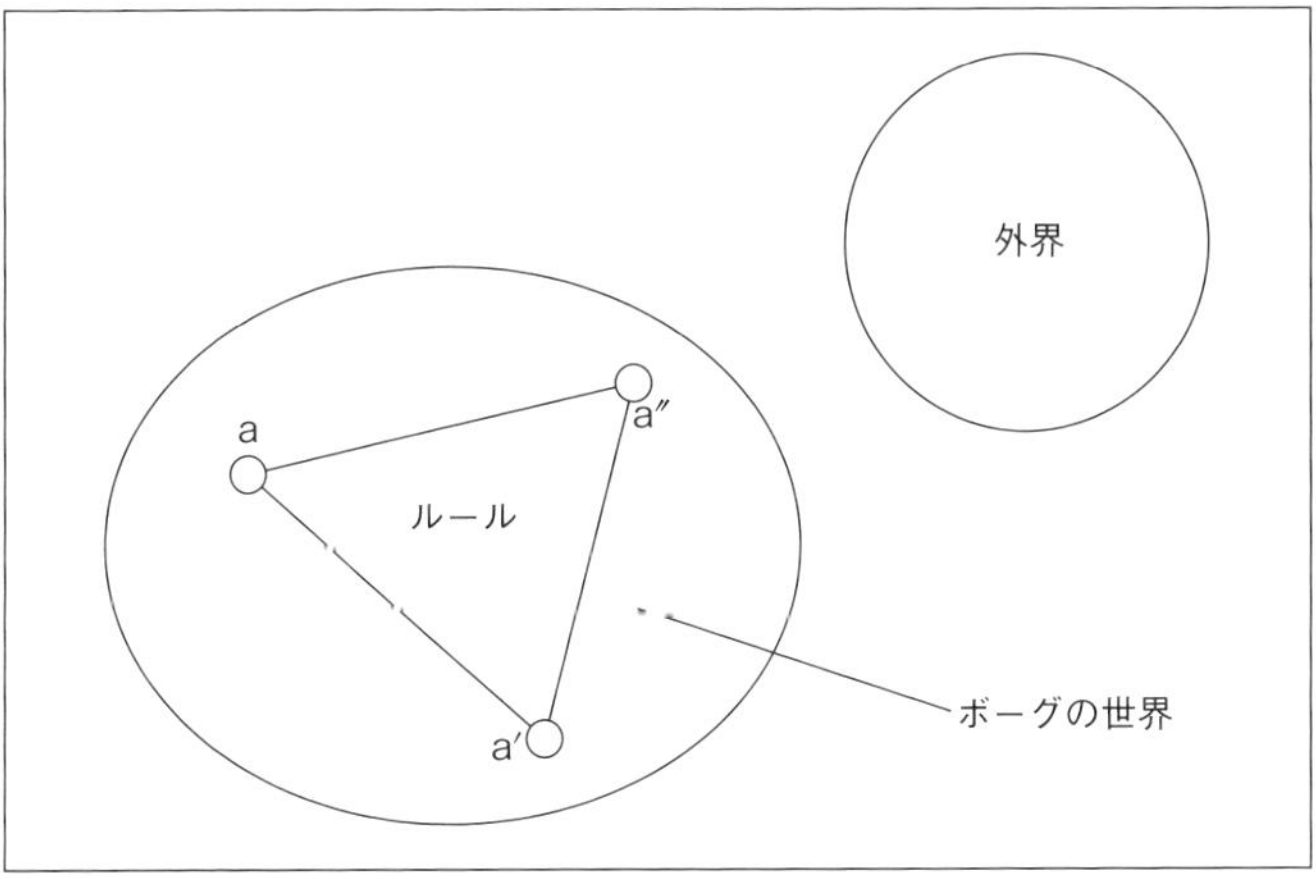

図１－４　人間とネットワークの関係

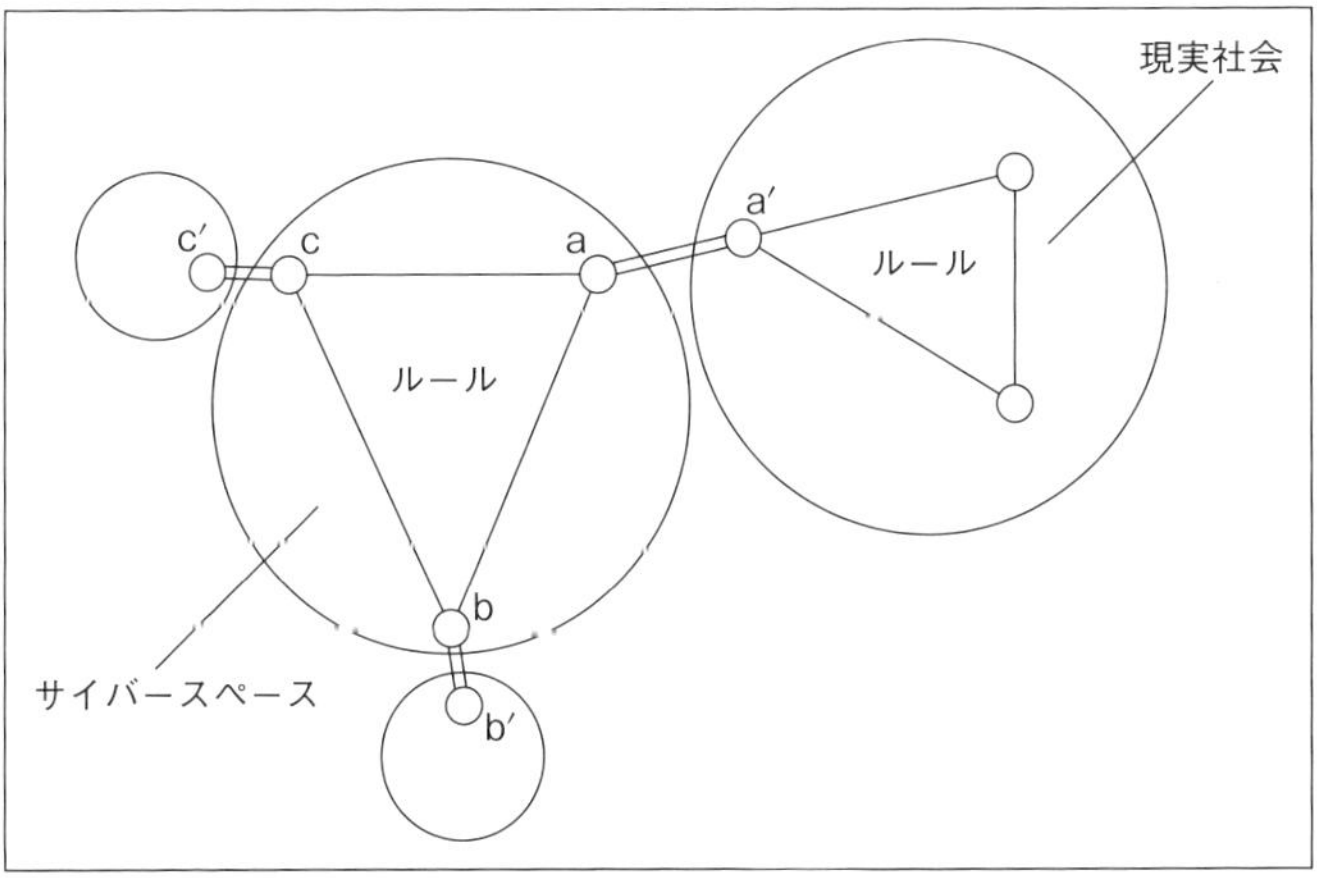

ボーグと決定的に違うところであろう。人間は個体とひとの二重性を生きているのである。では、その関係とは一体何か。これを考察することがサイバースペースの倫理を考えることになるであろう。

2　サイバースペースの倫理

現実の世界に目を向けてみよう。情報技術の発達にともなって情報空間をめぐるトラブルや犯罪が多発している。インターネットが日本に上陸してはや十年以上が過ぎた。この間、ＩＴ革命などといわれ、情報技術はあらゆる情報をデジタル化し、オンライン化することになった。それにともない「不正」アクセス事件、ネット上での違法品売買や誹謗・中傷など名誉毀損事件、さらには個人情報を悪用する行為などが頻発し、インターネットが「無法地帯」などと呼ばれるまでになった。このようなインターネットをめぐる多様な社会問題の発生やそれに対する規制の動きに象徴されるように、今日急速に発達しつつある「情報ネットワーク社会」においては、新たな社会規範の形成が社会的要請となっている。

しかし、このことを従来の倫理をもとに考えて果たしてよいのだろうか。「オフラインで悪いことはオンラインでも悪い」という命題は絶対的なのであろうか。この前提から現実の社会における倫理的なものをサイバースペースに適用することで問題を解決あるいは回避することが正しいのだろうか。

それが「情報ネットワーク社会」の倫理なのか。そもそも、「情報ネットワーク社会」とサイバースペースはどのような関係にあるのか。こういった疑問をサイバースペースと現実社会の構造の差異を見極めることで考えてみたい。そして、サイバースペースに独自の倫理があることを示してみよう。

† サイバースペースとは何か

「サイバースペース」(Cyberspace)という言葉は一九八四年にウイリアム・ギブスンがSF小説『ニューロマンサー』で流布させた。この言葉には「電脳空間」あるいは「独立仮想空間」という訳語が当てられているが、もともとはウイーナーの提唱した「サイバネティックス」(Cybernetics)、つまり「生物と機械における通信、制御、情報処理の問題を統一的に取り扱う総合科学」に由来する。一九九〇年頃からこの言葉は二つの文脈で使われるようになった。一つはバーチャル・リアリティ技術の分野で「現実さながらのシミュレーションが行なえるバーチャル・スペース」の意味で、もう一つは「コンピュータ・ネットワーク上に広がる仮想空間。情報交換や商取引などの社会生活を営むための新たな生活空間」を意味する。(4) 現在では後者の意味で広く使用されている。「サイバースペース」に対しては、現実の物理的空間が対応する。ここでは現実世界とサイバースペースの二世界説を前提にしよう。

このように、サイバースペースとは基本的にはネットワーク上にできるコミュニケーション空間である（コンピュータによって作り出されるインタラクティブなバーチャル環境、電子メディアを通じてコミュニケーションするときに出現する仮想的な情報空間）。

その特徴として非‐身体性、匿名性（anonymity 非‐私性）、人工現実（virtual reality）、テレプレゼンス（もともとは日常世界から遠く離れた場所や時間を経験する技術の意味、ここではバーチャルな世界の空間性を総称する）、没入感（immersion）などが挙げられる。これらの特徴によってサイバースペースは現実社会とは空間性、時間性において違う位相をもつことになる。

非‐身体性について、サイバースペースはコンピュータやネットワークの中に広がる情報のみの世界であるから、物質的な実体を離れた仮想空間として非‐身体的である。

匿名性について、サイバースペースは構造上匿名性を許容する世界であるから、情報発受信者の属性がコミュニケーションに影響しないので、年齢、人種、身体の大きさ、社会階級などがたいした意味をもたない世界である。これは非‐身体性と不可分の特徴である（著者性の問題もここに含まれよう。サイバースペースで流通する情報は容易にコピー、加工されて拡散する）。

テレプレゼンス（仮想世界の空間性）について、そうしたメンバーが属するサイバースペースにおけるコミュニティの本質は物理的近さではなくアクセス可能性であり（ノン・プレイス・コミュニティあるいはオンライン・コミュニティ）、場所とは無関係である[5]（ボーダレスもこの意味であろう。現実社会のコミュニティは場所とは不可分であるが、周知のように、サイバースペースはいわゆる

「国境」を越えて拡大し続ける）。

没入感あるいはネット人格について、ネットワークへの没入においては日常の自己とは違う別の自己が現出する。ネットワークでの自己演出は「ネカマ」をはじめ顕著である。現実社会でもひとりの人間が環境によって違う自己を演ずるのではないかという反論もあろうが、これはサイバースペースを現実社会の一部であると考えることに由来する。現実社会に根ざしていない人格変更あるいは喪失が問題であり、後述するように人間関係の根本構造が問題である。

バーチャルリアリティについて、バーチャルな環境において、すべては虚構ではなく、「実際には存在しないが、本質において存在していると同等な事実や実際の出来事」である(6)。現実社会とは別の空間であるが、物理的実体をもたない人間関係が機能を果たすという意味では、サイバースペースのコミュニケーションももう一つの「現実」（これは現実社会の「現実」と相対的な意味）なのである。

このような特徴をもつサイバースペースのメンバーはメディアとしてのコンピュータを介して、バーチャルな「共同体」を共有しているのである（この言葉には留保が必要である。サイバースペースは、厳密に言うと「共同体」ではなく、「疑似共同体」であろう。なぜなら、「共同体」とは、偶然的にそこに所属しており、伝統と一定の規範を共有しているような、特定の共同体への帰属意識をもつ人びとの集合を意味するからである。つまり、持続性を要する。サイバースペースは、そこへの出入り〔接続〕が選択自由であり、全世界に開かれているという性質上、「特定の共同体」ではない。

接続性のコミュニティという意味での「共同体」であるが）。そして、現実の物理的空間とサイバースペースが相互に交流する社会がいわゆる情報ネットワーク社会やインターネット社会と呼ばれるものである。情報ネットワーク社会（現実社会の一部として記述される）とサイバースペースは区別されねばならない。これを混同すると、サイバースペースの倫理を見誤ることになりかねない。

†サイバースペースにおける行為が重要なのか

サイバースペースの倫理を考える場合、倫理が何らかの仕方で行為に関わるものであるとすれば、サイバースペースにおける行為の構造とはいかなるものであるのかが問題になりそうである。前述のようにサイバースペースには情報しか存在しない。とりあえず、行為は情報操作ということになるだろう。ネットワークへの接続と切断、情報発受信（双方向的なコミュニケーションやコピーを含む）がその行為のすべてである。

情報操作主体－行為（情報操作）－行為の帰結がサイバースペースの行為の構造を形成しているが、先に挙げた特徴から主体の存在は脆弱になる可能性が大きい。身体性において共同性の世界を広げ、社会的な関係をつくり、個別的な身体性を根拠として「私」という独自な構造を形成してきた現実社会の主体に対して、サイバースペースにおける情報操作主体はリアルな「私」ではないからである。「私」は身体性にこそ根拠をもっている。そのため「サイバースペースに没入するとき「個」が解体して「複数の自己」が増殖する」などとも言われるのだ(7)。

ただ、行為の帰結によってリアルスペースにつながり、現実社会に影響を与えるという意味では現実社会とは切断されていない。情報操作の行為に基づく因果関係は現実社会に危害を与えることもありうるからである。その意味で主体は現実社会の倫理的評価に従う。つまり、「私」という行為主体と現実での特定の行為との関係として、現実社会で倫理が問われ、場合によっては罰せられるのである。しかし、行為の帰結は現実社会のものである（ちなみに目的や意図もリアルな「私」のものであり、現実社会に属すると言えよう）。

だが、サイバースペースに限って考えれば、主体なき行為論の圏域に属するように思われる。ここでは私という倫理的主体の不在と行為との関係が問題になるように思われる。しかし、こうも言えまいか。主体と行為との関係が第一次的に重要なのではなく、人間関係の在り方そのものが重要であり、倫理的なものに関わると。というのも、行為そのものはサイバースペースの中ではあまり意味をもたないからである。身体性を前提にした人間関係において行為は重要だが、コンピュータを介して記号を通した人間関係、つまり身体的実体が関与しない関係性ではそうではない。ただ、情報が流通しているにすぎないからである。ノードとリンクの関係に倣って、人と人のつながりを「ネットワーク」と呼ぶならば、現実社会とサイバースペースのネットワークとは関係性において異なる。この点を重視したい。

サイバースペースにおける倫理は行為の倫理ではない。コンピュータを媒介としたネットワークにおいてコミュニケーションの在り方が変わってしまっているのだ。先の特徴を前提としたコミュニケーションは生身の人間のコミュニケーションと同型ではない。しかし、人間関係の在り方そのもの（関係性）が違うとすれば、それは倫理的なものが違うのだろうか。

† サイバースペースにおける倫理とは何か

サイバースペースにおける倫理とは、その特徴ゆえに、ひとの地平に属する。極言すれば、誰でもない、どこにもいない「ひと」（das Man）がサイバースペースの共同性を担っている。現実社会の倫理が個体の地平の倫理（個体性）の上を動いているとすれば、サイバースペースの倫理はひとの地平の倫理（特殊者）のレベルで成立するように思われる。(8) 序章で見た区別はここでも生きている。「ひと」とは何であろうか。ハイデガーは次のように特徴づけた。「誰もが他者であり、誰ひとりとしておのれ自身ではない。ひとでもって日常的な現存在は誰であるのかという問いが解答されたのであるが、そうしたひとは、誰でもない者(9)」であると。これはネットワーク内存在にも当てはまるだろう。

現実社会の倫理を和辻哲郎にならって特定の身体性・空間性に基づく「人と人の間柄としての倫理(10)」とすれば、サイバースペースの倫理は端末に接続する限りでの人の間柄としての倫理、しかもひと一般に定位する倫理と言えまいか。身体そのものは共同的である。特定の時間・空間において「私」を成立させる中心として身体性が働いている現実社会では、個体として特定の人格と「私」は切り離せないが、先に述べたようにネットワークにおける非‐身体的人格にはリアルな「私」がない。これを持続的関係性と接続的関係性の区別と呼ぼう。

情報化社会においては自由や所有の意味が変わるなどとよく言われる。この区別にこそサイバースペースにおける自由や所有概念の捉え返しの根拠があるのではないか。次節で詳しく見るが、サイバースペースの発展を支えてきたハッカーの規範としてネット上で配布されている「ハッカー倫理」(Jargon File version 4.0.0) を見てみよう。

ハッカー倫理

1、情報の共有が実際にとても役に立つ善であると考え、フリーのソフトウェアを書いたり情報や計算資源へのアクセスを実現することによって自分の技術を分け与えることがハッカーの倫理的義務であるとする信念。

2、盗んだり破壊（落書き）したり機密を侵さない限り、遊びや探究のためにシステム破りをしても倫理上問題がないとする信念。

この二つの規範的道徳律は、どちらもハッカーの間に広く（ただし決して全員にではない）普及している。ほとんどのハッカーは語義1のハッカー倫理に賛同しており、フリーのソフトウェアを書いて配ることによってそれを実践している。一歩進んで、すべての情報はフリーであるべきであり、情報のあらゆる専有管理は悪であると主張するハッカーもいる。（中略）このようなハッカーの特質のおかげで、USENET, FidoNet, Internet などの大規模協同ネットワークが中央制御なしに運用できているのだ。

こうしたハッカーが構築してきた文化がサイバースペースの発展に大きく貢献したことは疑うべくもないが、ここで言われている情報の共有、フリーのソフトウェアは無料で、自由にソースコードにアクセスできるという考え方は「ひと」の倫理の次元で捉えることができると思う（誰のものでもないし、誰のものでもある）。このような実践を行なってきたことがサイバースペースの成果のひとつであろう。非‐私性（匿名性）と非‐身体性という特徴が自由や所有といったものに対するラディカルな反省を加える根拠となっている。

逆にまた、情報空間をめぐるトラブルの根拠としてこの非‐私性（匿名性）と非‐身体性を挙げることもできる。「広大な情報空間と接続されている意識は、非常に不安定な状態にある。ネットワークの中での「匿名性」やシステムと自分とが一体化したような独自の恍惚感は、わたしたちを「善悪の彼岸」へとジャンプさせてしまうことがあるのである。すなわちサイバースペースは、生身の身体で対面するコミュニケーションにおいては自然に防止されていたような、暴力性や倒錯性を表に引き出すこともありうるのだ」。「サイバースペースは身体の物理的運動を免除することによって、かえってそこには身体性や欲望の深い層が立ち現れてくる」[11]。インターネットは「欲望のメディア」であるとはよく言われることだが、この指摘は匿名性と非‐身体性ゆえにサイバースペースが行為の結果によって現実社会に影響を与えていることを意味している。しかし、このことはむしろサイバースペースの関係性の独自性を表わしているとも考えうる。ここだけ見れば、サイバースペースは本質的に犯罪を生み出す原因であるかのようだが、むろん、匿名性が悪いというわけではない。元来、ある程度アナーキーであることが構造からして不可避であるサイバースペースをもう一つの現実社会として考えることはできない。ただ、ネットの向こうに生身の人間がいることには間違いないゆえに、現実社会の倫理に抵触するのである。これは人間が二重の人間関係の内に存在するからに他ならない。

†サイバースペースと現実社会はどのような関係にあるのか

サイバースペースにおいては物理空間を基盤とした倫理にはない観点を見ることができる。そしてサイバースペースを介して結びつく現実社会とネットワーク社会も変容を被らざるをえない。もちろん、アナーキーであることを全面的に認めるべきだとは主張しているわけではない。倫理的基盤（サイバースペースと現実社会）の相違を認知した上で規範を考えることこそが重要なのである。ただ、アナーキー（現実社会と相対的な意味で）であるからこそネットワークの新しい可能性が出てきたわけだし、その部分は本質的でさえある。

それゆえ、独自に「社会的」な意味、規範、秩序といったものを形成するであろうサイバースペースに対して、例えば集中管理による情報規制はなじまない。そもそも、サイバースペースの本質である開いたシステムでは集中的な管理は不可能であり、ビューロクラシー（官僚）的管理ではコントロールできない。これではサイバースペース発展のインセンティブにならないだろう。しかも、開いた環境がネットワークの力を発揮させているし、制御不可能性こそがネットの発展を促しているのである。サイバースペースは情報コントロールの意味が変わるような、本質的に現実社会と違う空間だということを理解しなければならない。

そして、ネットワークが社会を突き動かすのは、サイバースペースにおける倫理ゆえなのである。社会を突き動かす具体的な提案としては、例えば電子的民主主義を実現するための「インターネット空間における批判的公共圏」（公開性・自律性・平等性をもつ自由な議論の場）などという考え方がある。それはネットワークに新たな意思形成の可能性をみて、新たな規範形成の可能性を探ろうというものである。

この提案はわれわれが前提としている、サイバースペースと現実社会の二元論をとらない。サイバースペースと現実社会は乖離しているのではなく、相互に浸透しあっていて、ネットワークをめぐる規範的問題の多くは純粋にネットワークの内部ではなく、むしろネットワークが現実社会とさまざまなレベルで交差しあい、現実社会の組み替えをもたらしている場面においてこそ発生していると考える。それゆえ、電子的民主主義および公共圏の問題は、サイバースペースの内部に局限されるものではなく、むしろ現実社会における新たな社会関係、新たな社会規範の形成をめぐる問題として捉えなおされる。その意味で、「オフラインにおいて違法なものはオンラインでも違法である」（「インターネット上の違法・有害なコンテンツ」についてのEU委員会報告、一九九六年十月十六日）という原則は、ネットワークをめぐる規範の問題一般について考える場合の原則とされる。このようなハーバーマス的公共圏をネットで実現することにより、新たな社会規範の形成を果たそうとするのが電子的民主主義の発想である。その際、ネットワークをめぐる規範をすべて既存社会の規範に従属させるのではなく、ネットワークをめぐる規範も既存社会の規範と同一の基準によって、その正当性・合理性を吟味するのだが、その基準を提供するための有効な理論として、ハーバーマスのコミュニケーション的行為論や討議倫理学を使う(12)。これによって、既存社会との調整をめざした世論形成を行なうことができると考えるのである。

しかし、ネットワークと現実社会の関係をそのように考えていいのだろうか。これはネット社会と現実社会の関係と、サイバースペースと現実社会の関係を混同することにならないのだろうか。やはりサイバースペースは独立の情報空間として考えるべきである。規範形成という観点で言えば、要するにダブルスタンダードでもかまわないのである。電子的民主主義よりポストモダン的志向（サイバースペースと現実社会の二元論）がサイバースペースの本質上適している。ハーバーマス的ネットワーク理解に対して、マーク・ポスターのように、サイバースペースをア・プリオリに仮想的なものとみなし、そこでのコミュニケーションの非身体性・匿名性を強調し、その参与者は理性的な「主体」ではありえないとして、ハーバーマス的な公共圏の形成の可能性を否定している者もいる。

ハーバーマスにとって公共圏とは、身体をもった主体が平等な関係のなかで、論拠の批判と妥当性要求の呈示を通じて合意を追求する均質な空間である。このモデルは、電子的政治のアリーナのなかでは体系的に否定される、と私は主張したい。インターネットを政治的領域として評価するときには、われわれは公共圏というハーバーマスの概念を捨て去らなければならないのである。(13)

公開性・平等性・自律性といった公共圏の特徴を、国家から独立である公共的世界であるネットワークの内に見て、公権力に対する批判的で自由な議論をネットワーク上で展開するという考え方は説得力があるように思える。しかし、電子的民主主義の議論は個体性（自律的理性的近代的個人）を前提としており、現実社会に根ざしたネットワークを考えているが、サイバースペースは、その構造上、あくまで独立の仮想空間として多元化した特殊者（ひと）を前提とした匿名性のネットワークなのである。そもそも、公共圏は名前を隠すような「卑怯な」（これももちろん相対的な意味で）人間関係を想定していない。この議論はネットワークを道具として批判的公共圏というもう一つの現実社会を作るために、ネットワーク性だけを強調していると思われる。これでは現実社会の人間関係しか対象にならない。サイバースペースをもう一つの現実社会として考えることは適当ではない。電子的民主主義は現実社会のバリアント（変種）にすぎない。ここでは関係性の次元が混同されていると思われる(14)。

それゆえ、規範形成は関係性の違いをわきまえた上で、なされねばならないと思う。このことを現実社会とサイバースペースの違いを前提して、罰という観点から考えてみよう。現実社会での最大の罰は、死刑であったり、無期懲役であったり、身体的に与えるリアルな罰則であるのに対し、本来サイバースペースでの最大の罰はサイバースペースへの入り口である電源や電話回線を切断することであり、コンピュータに近づけなくなることである。しかし、実際は現実社会での罰はサイバースペースにも適応される。現実社会の罰をサイバースペースにも適応しようとすること自身が問題なのである。現実社会とサイバースペースを別の空間だと認識するならば、まったく別の対処方法を考案する必要が倫理的な基盤の違いから帰結するはずである。ところが現実社会で犯罪を取り締まる規範の多くがそのままサイバースペースまで取り締まれると考えたところに誤りがあるのではないか。多くの法律がそのようになっている（例えば、「不正アクセス禁止法」。この法律によれば、目的や意図に関わらずどんな無権限アクセスも処罰対象になっており、目的犯規定になっていない。現実社会とのアナロジーで考えると、住居侵入罪（刑法一三〇条）にあたると思われるが、この法律でさえ制限的適用がなされるのに、「不正アクセス禁止法」は無権限アクセスに対して無制限に適用される。これがネットワークのインセンティブにならないのは明白である）。これは現実の規範を単純にサイバースペースにずらした結果であろう。ただ、最近米国などで、サイバースペースの罪はサイバースペースの中で考えられた法律で解決しようという考え方が浸透し始めている（例えば、サイバースペースの犯罪はサイバースペースで償い、現実社会で与えた被害に対しては金銭的に保証するという考え方で、実際に補償金の支払いとインターネット永久追放の両方を命じた判例もある）。こうした形でも、サイバースペースは社会を突き動かしている。

現実社会とサイバースペースにおける倫理の違いは「オフラインで悪いことは必ずしもオンラインで悪くない」という帰結を導くように思われる。サイバースペースと現実社会の構造の差異ゆえに「オフラインで悪いことはオンラインで悪い」という一般的原則が成立しないのである。単純な例を一つだけ挙げよう。現実社会で「嘘をついてはならない」という規範を一般的に受け入れないということは考えにくい。しかし、サイバースペースはその匿名性ゆえに、「嘘をつくこと」（自分の属性を偽る）を構造的に許容しているのである。

人間関係が倫理というものの基礎であるとすれば、現実社会の生身の人間の関係性とサイバースペースの関係性とは異なっているゆえに倫理は異なっているということにつきる。このことをもう少し詳しく見るために、サイバースペースでの倫理をもとにして、ハッカーの倫理を次節で主題的に扱おう。ボーグはリンクによってすべての情報を共有していた。また、ハッカーも情報の共有を大きな課題にしているのである。ネットワーク内存在としての人間はある意味でボーグ的な存在者である。われわれの社会では情報への侵入の倫理性が問題になるであろう。

3　情報への侵入
――ハッカー倫理――

†情報倫理とは何か

サイバースペースの倫理は情報倫理といわれる分野で扱われる。では情報倫理とはそもそも何であろうか。情報倫理はテクノロジーの発達にともなって生まれた生命・環境倫理などと同じ応用倫理学の一分野として位置付けられるので、技術的あるいは法律的に対処することが困難なアクチュアルな問題を具体的にどう取り扱うべきかということを考える学問と一応言ってよい。しかし、具体的な問題から出発はするが、あくまで原理的な次元で思考することも同時にその任務である。(15)

情報倫理が扱う問題は多種多様である。ソフトウエアーの著作権の問題（特にマルチメディア技術との関連で複製権などの問題）の他にも、コンピュータ同士の関係を巡る問題（ネットでのいわゆる「不正」アクセスであるクラッキング、コンピュータウイルスなど）、コンピュータ上での蓄積されたデータを巡る問題（プライバシーとセキュリティ、あるいはデータのコンテンツ、例えばポルノやデマ）、コンピュータ科学者の社会的責任の問題など枚挙にいとまがない（特に近年はコンピュータ・エシックスがクローズアップされている。もちろんコンピュータに関わる問題だけを情報倫理が扱うわけではない）。

このような問題を考えるとき、われわれは基本的な概念の再反省を迫られる。これらの問題に対して既存の考え方を当てはめて解決するのではなく、むしろ新しい視点を示すためである。著作権の問題でいえば、デジタル情報を所有するということは一体どういうことなのか。所有に対するラディカルなアンチテーゼを出すコピーレフト（むしろ無権限コピーを推奨する「もう一つの」著作権）などという運動も現われた。あるいは、ネットワークの世界では従来の倫理が通用するのか。無権限アクセスの倫理性を問題にするハッカー倫理などという新しい価値観も生まれた。前節でも触れたが、「所有」、「自由」、「平等」、「責任」といった伝統的に倫理学で扱われてきた概念が新たに問題になりうることがわかる。このような基礎的な概念を、高度情報化社会において現われた具体的な問題を手引きに吟味すること、情報倫理をこのように理解しよう。

この節では情報倫理をめぐる諸問題の中でも典型的な「ハッカー倫理」問題に焦点を絞りたい。システムへの秘密裏のアクセスの倫理性を問うハッカー倫理がコンピュータ・エシックスの典型的な問題である理由は、プライバシーや知的所有権といった情報をめぐる核となる問題に関わるからである。

ここでは従来の規範に反する行為（例えば、誰も見ていないからこっそり隣の家に入ること）と無権限アクセスは同型ではないということを言いたい。そして、必ずしも無権限アクセスが非倫理的な行為ではないということをサイバースペースの倫理の観点から主張したい。

確固とした定義はもちろんないのであるが、ここで少し文献的に情報倫理とは何かを確認しておこう。『情報倫理の原理』と『情報倫理概論』を例に取ってみる。

『情報倫理概論』（(社) 私立大学情報教育協会編）では、情報社会の安定・維持・発展の方策を三つの観点から述べている。

ア、情報社会の脆弱性、情報のもろさから来るセキュリティを確保する情報技術の視点（セキュリティ技術）

イ、情報社会の秩序を守る法制度上の視点（法制度上の問題）

ウ、情報創造の成果の尊重という情報に接する人間の心構えというべき情報価値観を育成する視点（人間社会に対する正しい価値観を育成する教育問題）

これらを総合的に捉え、情報倫理の確立をはかることを目的として、「情報化社会においてわれわれが社会生活を営む上で、他人の権利との衝突を避けるべく、各個人が最低限守るべきルール」(私情協、情報教育研究委、第三分科会)を定義としている。[16]『情報倫理の原理』では、情報倫理の四つの基本的原理を挙げている。

1、知的財産の尊重
2、プライバシーの尊重
3、公正な表現
4、危害を与えないこと(Nonmaleficence)[17]

ここからわかることは、情報倫理といえども、社会通念としての規範の自明性が基本になっているということである。ここからはハッカー倫理(有意味ではあるが社会的ではない行為と見なされるもの)は無条件に排除されることになる。あるいは、情報化社会においてはまだ常識が定着していないゆえに、規範を早く整備しようとして現実社会よりも厳しい法律が制定される(例えば、いわゆる「不正アクセス禁止法」)。先に見たように、現実社会での行為と情報空間内での行為(これは先に見たように重要ではないのであるが）はもちろん連続的ではあるが、不連続な部分もある。この部分こそが情報倫理的に検討することを要求されている。そして、この自明性こそが、あるいは新しい常識こそが問うことを要求されているのである。

† ハッカーとクラッカー

まず最初に、混同されがちな「ハッカー」と「クラッカー」の区別をしておこう。

一般的にはハッカーはクラッカーと同一視されることは多いが、一応の区別はある。インターネット標準文書の提案は以下の通りである。

　ハッカー＝システム、特にコンピュータやコンピュータネットワークの内的なはたらきを深く理解することに喜びを覚える人。この語は正しくは「クラッカー」と呼ばれるべき蔑視の文脈でしばしば誤って使われる。

　クラッカー＝コンピュータシステムに権限をもたないのにアクセスしようとする人物である。これらの人物はしばしばハッカーとは対照的に悪意をもっており、システムに侵入する多数の手段を思いのままに使う(18)。

さて、ハッカーの規範としてネット上で配布されている「ジャーゴン・ファイル」（Jargon File version 4.0.0）の叙述を今一度紹介しておこう。

ハッカー倫理

1、情報の共有が実際にとても役に立つ善であると考え、フリーのソフトウェアを書いたり情報や計算資源へのアクセスを実現することによって自分の技術を分け与えることがハッカーの倫理的義務であるとする信念。

2、盗んだり破壊（落書き）したり機密を侵さない限り、遊びや探究のためにシステム破りをしても倫理上問題がないとする信念。

この二つの規範的道徳律は、どちらもハッカーの間に広く（ただし決して全員にではない）普及している。ほとんどのハッカーは語義1のハッカー倫理に賛同しており、フリーのソフトウェアを書いて配ることによってそれを実践している。一歩進んで、すべての情報はフリーであるべきであり、情報のあらゆる専有管理は悪であると主張するハッカーもいる。これがGNU project（簡単に言えば、フリーでないソフトウェアを全く使わないでも済むように、十分なフリーソフトウェアを開発するという社会運動）の背景にある哲学だ。語義2については議論がある。一部の人は、クラッキング自体を住居不法侵入同然の非倫理的行為と考えている。しかし破壊が「倫理にかなった」クラッキングにそぐわないという信念のおかげで、少なくとも自分を「良性」クラッカーだとみなす人々がそれなりの節度を持って行動するようになっているという面はある。

（中略）

どちらのハッカー倫理にも一番顕著に現われていることは、ほとんどすべてのハッカーが、技術上のトリックやソフトウェアやコンピュータをほかのハッカーと共有したいと積極的に望んでいる点だ。このようなハッカーの特質のおかげで、USENET, FidoNet, Internetなどの大規模協同ネットワークが中央制御なしに運用できているのだ。こうしたネットワークは、ハッカー王国のもっとも貴重な無形財産と言える連帯感に依存すると同時にそれを強化している(19)。

ハッカー倫理を一義的に語ることはもちろんできないが、少なくとも一、「情報の共有」（これは以下の「情報はフリーであるべきである」という主張につながる）と二、「システムへの無権限アクセスの正当化」がポイントであることは確認できるだろう。ここでは、ハッカーとは「良性」のクラッキング行為をする者も含み、ダメージを与えること（例えば、ファイル破壊、クレジットカードナンバー窃盗、ウイルス植え付け）を目的とするクラッカーから区別したい。

†典型的な論じられ方――義務論対帰結主義

さしあたり、ハッカー倫理がどのような枠組みで考えられているかを見てみよう。義務論と帰結主義の立場からこの問題にアプローチするというのが典型的な論じられ方である。通常、義務論的な倫理学理論とは、行為や規則が生み出す価値（効用、幸福）以外の、行為そのものの特徴によって倫理的な価値が決まるとする立場である。義務論と対比される帰結主義と呼ばれる理論は、行為の倫理性評価の基準が最終的にはその行為によって生み出される結果（期待される結果や可能性も含む）のもつ善（効用）以外にはないとする立場である。

無権限アクセス（クラッキング）に関しては、「クラッキングは常に非倫理的である」という主張と、「システムに重大な害を及ぼさない限り、クラッキングは倫理的に不正ではなく、それどころか時には倫理的であると見なされるべき場合もある」という主張とが存在する。ここでは義務論の立場から「明白な実害がなくても無権限アクセスは常に非倫理的である」とするスパフォードの議論[20]とそれに対して帰結主義の立場から批判を加える江口聡の議論[21]との対立を例としよう。

スパフォードの倫理学的な立場は次のようなものである。

われわれはある行為の倫理的な性質を、義務論的な評価を適用することによって判断することができる。結果は度外視して、その行為そのものは倫理的なのか。皆がそれをすると仮定したら、その行為を分別があり正当なものであると見なすことができるだろうか。（中略）正しさは行為によって決まり、その結果によって決まるのではない。結果が手段を正当化すると考える倫理学者もいくらかはいる。そのような行動をする個人もいるとはいえ、われわれの社会はそのような哲学によって動いているわけではない。（中略）結果ではなく、過程が重要なのである。もっとも、二つのほとんど同じような行為の間の選択に帰結が役に立つこともあるかもしれないが。(22)

これに対して、上で見たように、「ハッカー倫理」2では「盗んだり破壊したり機密を犯さない限り、遊びや探求のために無権限アクセスをしても倫理的に問題がないとする信念」が挙げられた。このような信念の背景には次のような論点が存在する。

（1）すべての情報はフリーであるべきであり、もし情報がフリーであるならば知的所有権やセキュリティの必要性は存在しない。
（2）システムへの侵入は、セキュリティ問題を啓発する、むしろ不備を暴露する者はコンピュータ共同体に寄与する。
（3）ハッカーは害を与えることはなく、またなにも変更しない。彼らは単にコンピュータシステムがどのように動くのかを学ぼうとしているだけである。

（4）ハッカーは情報の悪用を防ぎ、「ビッグ・ブラザー」（オーウェルの小説『1984年』に登場する全体主義的支配者、情報管理の象徴）をくい止める。[23]

スパフォードが挙げている無権限アクセスを弁護する議論（ハッカー倫理）と、それに対する彼の反論、さらに江口の批判のポイントを簡単に見てみよう。

（1）「情報はフリーであるべき」という議論

すべての情報はフリーであるべきであり、知的所有権やセキュリティの必要性は存在しないとされるというハッカーの主張に対してスパフォードの反論は「すべての情報がフリーであるならば、もはやプライバシーは存在しないことになる。（中略）さらに、個人の所有権が存在しないならば、誰もが情報を改竄することが可能になる。銀行やクレジット会社や病院などのデータが勝手に改竄されることになってしまう。（中略）アクセス者が情報をコントロールするならば、その情報はフリーではなくなってしまう。しかし、コントロールがなければわれわれは情報の正確さを期待することができなくなってしまう」というものである。[24]

これに対する江口の再反論はスパフォードの「ハッカー倫理」の拡大解釈に焦点を合わせる。

いかに過激な「ハッカー」であれ、プライバシーの重要性を否定したり、社会的に重要な情報の改竄を容認したりするとは考えにくい。〈大物ハッカーである〉ストールマンも、機密にするべき情報が存在することは認めているし、また、少なくとも、スパフォードがこのような「ハッカー倫理」観の典拠にしているGNU宣言においても、すべての情報がフリーであるべきだという主張は見当たらない。GNUの主張は、せいぜい、有用なプログラムは自由に使え、無料で配布できるようになるべきであるというものであり、クレジット会社や、国防上重要な機密やわたしの個人的な情報が皆によってアクセス可能になるべきであるとは主張されていない。(25)

(2) セキュリティの議論

「無権限アクセスには、コンピュータのセキュリティ問題を啓発するという積極的役割がある」。このようなセキュリティ破りは決して悪質な意図によるものではなく、むしろセキュリティの穴を明らかにするという善意に基づくものであり、したがって、このようなセキュリティ破りは場合によっては推奨すらされるべきであるということになる。これに対するスパフォードの反論は以下の通り。

①現状ではシステム開発者やシステム管理者たちはセキュリティの問題に十分配慮しているので、わざわざセキュリティ破りをする必要はない。そうすることは、防火の用意ができていないことを知らせるために故意に火事を起こすのと同様である。②多くのサイトはセキュリティホールを防ぐため

の技術的・経済的な余裕がない。そのようなシステムに侵入することは、直接の害の有無にかかわらず、業務を妨害していることになる。③ソフトウェア・ハードウェアベンダーには、すべてのセキュリティホールを修正する責任があるわけではない。というのは、多くのサイトでは固有の業務のためにソフトウェアをカスタマイズしており、ベンダーがセキュリティホールを即座に修正できるようにしておくためには多くの費用と労力がかかるからである。[26]

江口の反論はまず、①でのアナロジーを問題にする。

火事は明らかに実害と言えるだろうが、セキュリティホールを発見するためのクラッキングそのものには実害が存在しない。ワームプログラムの場合には、多くのシステムに負荷をかけ、システム管理者の手を煩わせる結果になったという意味で実害があったのはたしかだが、すべてのクラッキングに同様の実害があるとは言えない。

また、「②と③の議論は有効であると思われるが、明確に帰結主義的である」と批判される。

（3） 学生ハッカーの議論

次は学生ハッカーの議論（The Student Hacker Argument）と呼ばれるものである。つまり、無権限アクセス者は何も害を与えず、何も変更しない、単にコンピュータシステムがどのように動いているのかを学んでいるだけであるという主張である。コンピュータは高価であるので、効率のよいやり方でそれを研究しているだけというわけである。スパフォードの分析によれば、この議論には次のような問題点がある。①システムに侵入しファイルを覗いたりすることは、コンピュータ教育とはほとんど関係がない。アナロジーを用いれば、車を盗むことは、車のメカニズムを知ることにはならない。さらに②システムについて「学んでいる」学生たちは、もちろん、システムについてすべてを知っているわけではない。したがって、意図せずしてシステムを破壊してしまうこともありえるという。さらに③セキュリティ管理者にとっては、単なる学生ハッカーと悪意のある侵入者とを見分けることは難しく、侵入があるたびにシステムの整合性をチェックしなければならず、これは非常に労力を要することである。(27)

江口の反論はスパフォードの意図しない帰結主義的議論に集中する。

②と③の主張は確かに有効であるように思われるが、明らかに帰結主義的な主張であり、また①はクラッキングの教育的効果という帰結主義的な主張を否定しているにすぎず、いずれにしても、帰結主義の土俵の上での議論と言える。

（4） 使われていない資源の有効利用

リチャード・ストールマンは、Newsweekに当てた手紙の中で次のように述べている。

わたしは「絶対的な所有権」といったものを信じていない。つまり、所有者は所有物を妨げられずに使う権利をもっているが、それを意図的に無駄にする権利はもっていない。所有権の侵害は、それがもたらす損害によってのみ不正なのであって、単に所有者だけでなく、関係者全員の利害が考慮されねばならない。(28)

スパフォードはこのような功利主義的な見解に対して、以下のように反論する。

まず、これらのシステムは一般的な利用のために提供されているものではない。商業、医学、国防、研究、行政などのために使われているのである。使われていない能力は、将来の必要性や突然急増するデータ処理のために用意されているものだ。

彼によれば、これは例えば使われていない自動車を所有者に断りなしに使用するのが不正であることと似ているとされる。(29)

これに対する江口の反論はまた彼のアナロジーを問題にすることによってなされる。

確かにわれわれの道徳的直観では、使われていない自動車を勝手に使うことは倫理的に非難されるべきことなのだが、自動車の利用とシステムの利用とはまったく違った事態であるという指摘も可能であるように思われる。勝手に自動車を使えば、その所有者はそれを使用できず不利益を被ることになるが、使われていないコンピュータ資源を使うことが同じように所有者に害を及ぼすかどうかは定かではない。

このように、江口は「無権限アクセスは明白な実害の有無にかかわらず常に非倫理的だ」とするスパフォードの議論に対して、スパフォードの自称する倫理学的立場（義務論的立場）に反して、われわれが受け入れることのできる議論は、無権限アクセスの是非に関わらず、すべて広い意味で帰結主義・功利主義の立場に立つものであるとして、彼自身の帰結主義的傾向を指摘する。江口自身は「当の行為や原則が、どのような益と害をもたらすと見込まれるか」という帰結主義の立場から倫理的原則を決定する課題に取り組むのが重要であると結論づけている。

しかし、この対立での議論では正当であるように見える帰結主義には問題がないのであろうか。無権限アクセスそのものの倫理性はどのように考えればいいのか。もう一度、この対立軸で問題を見直してみよう。

†ハッカー倫理におけるモラルアポリア（連続性の観点から）

原理的な次元で考察を加えるために、上で見た議論を二つの命題で表わしてみよう。

命題A　無権限アクセスは常に非倫理的である。（義務論的主張）
命題B　無権限アクセスは常に非倫理的であるわけではない。（帰結主義的主張）

命題Aに対して。

通常、義務論的な倫理学理論とは、行為や規則が生み出す価値（効用、幸福）以外の、行為そのものの特徴によって倫理的な価値が決まるとする立場であった。この理論の核心は帰結を度外視した義務の遂行にある。この理論に従えば、無権限アクセスが倫理的に非難されるべきであるのは、それがもたらす帰結が悪いものである（たとえばファイルを破壊する）からではなく、その行為が「侵入」（trespass）という特徴をもつからである。「侵入」とは他者に属する領域あるいは他者によって正当にコントロールされている領域に権利なしに入ることである。それゆえ、無権限アクセスは常にそれ自身倫理的に悪い。

命題Bに対して。

義務論と対比される帰結主義と呼ばれる理論は、大ざっぱに言って、行為の倫理件評価の基準が最終的にはその行為によって生み出される結果（期待される結果や可能性も含む）のもつ善（効用）以外にはないとする立場であった。中でも有力な立場は、行為やルールは、それが関係者全員に（もちろん現実社会において）最大の量の善・効用・幸福をもたらすものが正しいとする功利主義である。この理論に従えば、無権限アクセスが倫理的に非難されるべきであるのは、それがもたらす帰結が悪いものである（例えばファイルを破壊する）からである。侵入が悪いのは、つまるところ危害を引き起こしたり、プライバシーを侵害するからである。しかし、例えば「人の庭を通るのに、歩く以外何もせず、見たものを何も報告せず、誰も傷つけないならば(30)」、「侵入」は倫理的には悪くない。それゆえ、無権限アクセスは常に倫理的に悪いわけではない。

命題A・Bを書き直してみよう。

命題A　侵入という行為そのものに固有の特徴の故に、無権限アクセスは常に非倫理的である。

命題B　危害やプライバシー侵害を引き起こさない限り、無権限アクセスは常に非倫理的であるわけではない。

もし、現実社会における侵入と無権限アクセスが行為の特徴という点で同じものでなければ、命題Aは必ずしも正しくない。行為の結果に重きを置くBは合理的説明として理解しやすいが、無権限アクセスそのものの倫理性については説明できない。また、帰結を考慮した上で選択した行為（無権限アクセス）が最善の結果をもたらすとも限らない。どちらも困難に陥るのではないだろうか。

AとBの命題が両立しないならば、どちらかを優先させるという点で考えるべきなのか。それとも、さらに上位の規範を立てるのか。

この枠組みにおける無権限アクセスの倫理性は、行為そのもので判断するか、実害の有無で判断するかによって問われている。しかし、無権限アクセスと侵入との行為の性格の同型性で考えるにせよ、現実の社会に影響を与える帰結で判断するにせよ、いずれも無権限アクセスと侵入は連続的なものであるという前提のもとに命題が立てられている。しかし、現実社会との連続性によって無権限アクセスの倫理性は考えられるべきなのであろうか。そもそも、無権限アクセスと侵入は同一的なものなのだろうか。別の観点から考えてみることにしよう。

✝コンテクステュアリズムとユニバーサリズムという対立軸（不連続性の観点から）

連続性を前提とした義務論対帰結主義の対立という観点ではなく、物理空間（現実社会）と情報空間（ネットワーク）との不連続性を「コンテクストの違い」という観点から考察してみよう。

現実社会とネットワークとはコンテクストが違うという立場とネットワークも現実社会も一律に考える立場とがありうる。便宜上、前者をコンテクステュアリズム、後者をユニバーサリズムと呼ぼう。

ユニバーサリズムは現実社会における規範がネットワークにそのまま適用できるという立場である。現実社会において悪いものはネットワークにおいても悪いのである。現実社会とネットワークはそのまま連続している。しかし、コンテクステュアリズムにおいては、現実社会における現行の規範を必ずしもネットワークに適用できないという立場をとる。コンテクストの違いによる不連続性がその根拠である。

一般的に言えば、文化というものは非常に多様であって、その間に共通性をメタの次元で作ることは非常に困難である。現実社会とネットワークもその例外ではない。ネットワークの個別性もしくは特殊性に目を向けることも必要なのである。例えば、われわれの道徳的直観から侵入と無権限アクセスとの間にある種のアナロジーが成立するとしても、その事実から無権限アクセスが倫理的に悪いということが直ちに帰結するわけではない。とはいえ、これは単純な文化相対主義に陥る危険性もある。

付け加えれば、帰結主義的な言い方だが、多様性を認めるコンテクスト主義はこの画一的な社会に対する対抗・批判としては有効であるという考え方もありうる。もし、普遍的な規範は、その空虚さゆえに、現実の具体的行為への指針を与えることができないとすれば、コンテクストの違いによる別の規範といったものも必要ではないだろうか。侵入一般として、倫理的評価を下すのではなく、少なくとも現実世界での「物理的」侵入とネットワーク上のいわば「論理的」侵入は区別するべきではないだろうか。

ところで、「コンテクストの違い」とは何だろうか。ここではまず「家族的類似性」の概念で考えてみたい。

ウィトゲンシュタインは非連続的連続性＝連続的非連続性を「家族的類似性」という概念を用いて説明する。ウィトゲンシュタインは次のように説明している。

われわれは互いに重なり合ったり、交差し合ったりしている複雑な類似性の網目を見、大まかな類似性や細やかな類似性を見ているのである。

私はこのような類似性を〈家族的類似性〉という言葉による以外に、うまく特徴づけることはできない。なぜなら、一つの家族の成員の間に成り立っている様々な類似性、例えば体つき、顔の特徴、目の色、歩き方、気質、等々も、同じように重なり合い、交差し合っているからである……われわれはちょうど一本の糸を紡ぐのに繊維と繊維をより合わせていくように、われわれの概念を拡張していくのである。(31)

例えば、家族の構成員の特徴を考えてみよう。メンバー全体に共通するような特徴はないが、それぞれが顔の特徴や歩き方といったいくらかの特徴を共有しているとする。にもかかわらず、全員を家族と見なすことができるのは「家族的類似性」があるからだというのである。現実社会とネットワークもいわば家族のメンバーにおいて存するような類似性をもっているが、決して同じではない。それが家族であるのは（例えば親子）似ているとしか言いようがないからである。つまりいくらかの特徴を共有しているゆえに、全体として強い類似性をもっているのである。ネットワークに関して言えば、現実社会との連続性があるにもかかわらず、所有や自由に関する考え方にズレがある。現実社会のすべての規範がネットワークにおいて有効であるとは限らないのはこの一つが似ていて異なるからである（前節で見たように、関係性の相違と言ってもよいだろう）。上述のAとBの命題に対して別の命題を挙げてみよう。

命題C　無権限アクセスが非倫理的であるかどうかは、コンテクストに依存する。

ネットのコンテクストという観点からは、必ずしも無権限アクセスという行為そのものが非倫理的であるということが帰結しない。コンテクストによっては現実社会からは同一と見なされる行為が「不正侵入」と「不正でない利用」という側面をもちうるのである。このズレをもう少し、敷衍してみよう。コンテクストの違いを形成するものとして、（1）公共性の問題、（2）所有と自由の問題が考えられよう。インターネットそのものを考えてみても、社会的資源として情報を活用するために、情報の公開・共有を推進していくことにその本質がある。[32] 先に挙げたJargon fileにもインターネットがハッカーの「連帯感に依存すると同時にそれを強化している」とうたわれていたが、ハッカーが情報を共有すればするほどネットワークは強化され力を発揮する。[33] また、「フリーのソフトウェアを書いて配る」時のフリーという表現には無料という意味と自由にソースコードにアクセスできるという意味がある（占有権の否定）。これが所有や自由に対するわれわれの考え方に問題提起しているとすれば、そもそも情報の所有とは一体何かということも再考しなければならないだろう。それゆえ、原則的には公共性を前提とし、所有と自由に問題を投げかけている、ハッカー倫理がネットワークの発展に寄与しているとも言えるのではないか。最終的には、実害の有無というよりは、ネットのコンテクストに即しているかどうかが問題なのではないだろうか。このように考えてみると、無権限アクセスと実生活の侵入行為が同一であるとは言えないのではないだろうか。

さて、現実社会とネットワークとの関係を前節とは別の観点からモデルを使って整理してみよう（図1－5参照）。

モデル①と③は連続性によるユニバーサリズムを表わしている。通常われわれはネットワークを単なる現実社会の一部として見ている（モデル①）。ここでは、現実社会の規範がネットワークでも権威をもつ（命題ＡＢの背景）。しかし、将来は『１９８４』の世界（ネットによる監視社会＝パノ

図1－5　現実社会とネットワークとの関係

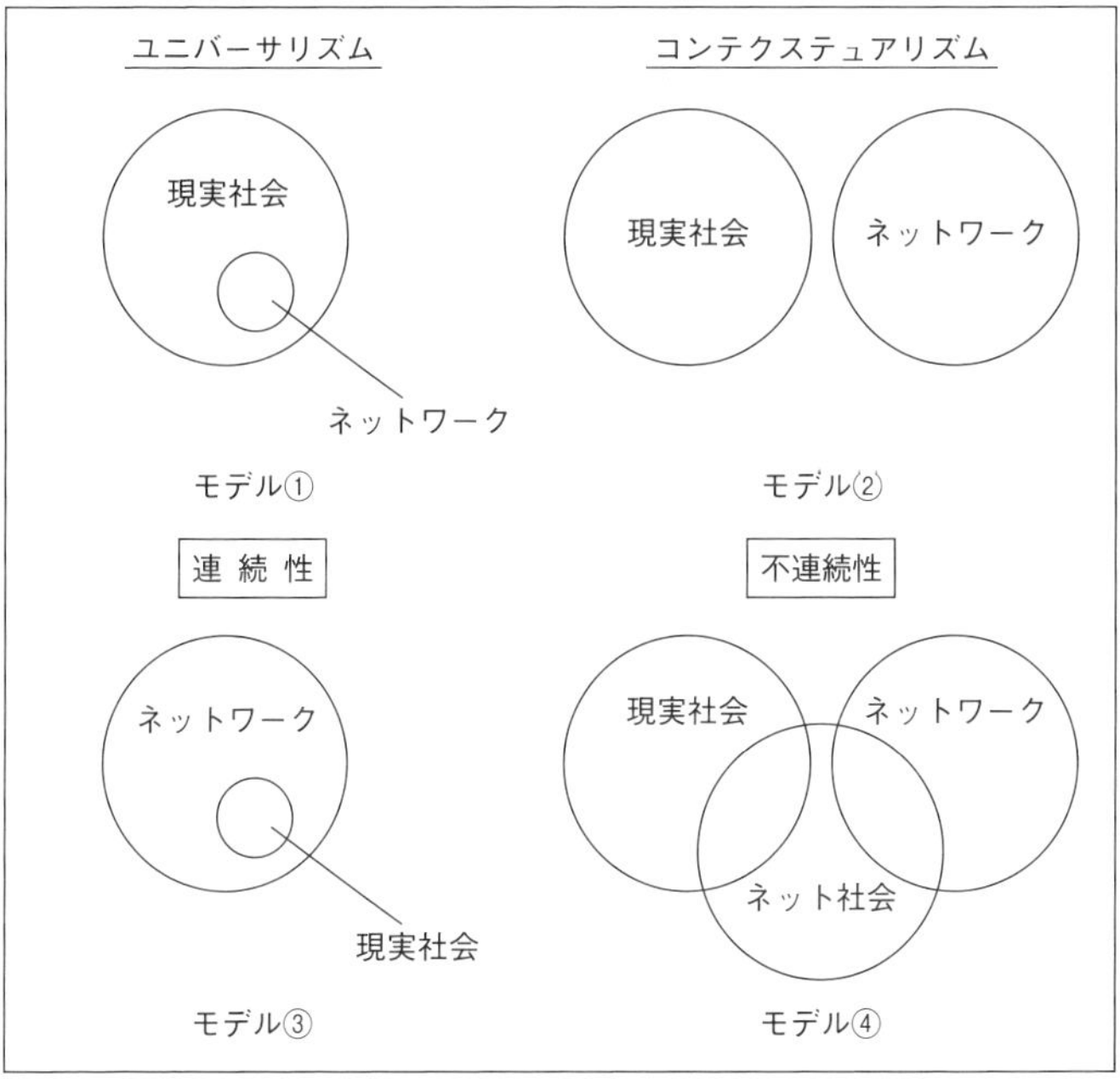

プティコン）のようにネットワークの規範が現実社会を支配するかもしれない（モデル③）。いずれにせよ、これらの立場は連続性を前提にしている。他方、モデル②と④は不連続性によるコンテクステュアリズムを表わしている。現実社会と分離し、完全に現実社会からネットワークを独立させているのがモデル②である。ここでは、現実社会とネットワークは共約不可能である。いくらかのハッカーはこの立場をとる。例えば、Electronic Frontier Foundationのバーロウによるサイバースペース独立宣言を考えてみよう。これに

よれば、既存の倫理システムはいわゆるサイバースペースには及ばない。サイバースペースは新規に開拓された土地であり、主権は開墾者にあるとされる。[34] ただ、この立場は連続性をまったく考慮していないという点で支持できない。つまり、サイバースペースとネットワークが相互に交流するネットワーク社会が位置づけられていない。しかも、サイバースペースのメンバーを個体性の観点から自律的理性的近代的個人として捉えているところに大きな問題があると思う。この立場から電子的民主主義の発想も出てきているが、モデル②における関係性（現実社会とサイバースペースの関係性）とモデル③における関係性（現実社会とネット社会の関係性）とを混同していると思う。前節で見たサイバースペースの特徴から現実社会のバリアント（変種）としてこのコミュニティを規定することはできない。

ここではモデル④の立場が適当だと思う。連続性にコミットしながら、現実社会とサイバースペースの不連続性あるいは独立性を強調することができるからである。

もっとも、モデル②とモデル④は道徳的相対主義と見なされるかもしれない。モデル②はいわゆる文化相対主義の典型で、ある社会にとって正しいことが「正しい」の意味になることを表わしている。この俗流相対主義の定式は、ウィリアムズによって論理的に自己矛盾に陥ることが明らかにされた。[35] それゆえ、論理的にもモデル②の立場はとれない。

しかし、モデル④ではネットワークと現実社会が重なり合う共通の領域ももっている。この部分

（つまりネットワーク社会）が連続性を保証し、なおかつ現実社会とネットワークが不連続であることも可能としているのである（現実の世界とサイバースペースは時間・空間的に独立の世界なので直接は関係をもつことはできない。実体としての現実世界を関係としてのサイバースペースとはいわば存在論的身分が違う。それ故、記述方式としてのネット社会がいわば媒介項の意味をもつ）。この立場においては、共通の領域をもつことから、相対主義でありながら、他領域への批判（相互批判）も可能になる。これはコンテクストの違いをふまえた上での連続性を表現する意味のある道徳的相対主義とは言えまいか(36)。

ネットのコンテクストと現実社会のコンテクストが違うという不連続性とネット社会も社会の一部であるという連続性を折り合わせること、このことが一番肝要であるように思われる。現実的には従来の規範の修正ということが、われわれにできることとして考えられるだろう。常識は侵入が法律違反で非倫理的であることを示している。この意味ではハッカー倫理は問題外かに見える。しかし、テクノロジーの発達によりネットワークの規範の準備が追いつかないからといって、あるいは現実の規範がソフトのコピーや無権限アクセスといった新しい状況に対処できないからといって、ネットのコンテクストを無視することによる解決策は情報倫理の観点からは肯《がえ》んぜられない。われわれは普遍的な規範として、現実社会の規範をネットワークに強制することはできない。原理的にはコンテクスチュアリズムの観点からは正当化できる無権限アクセスもありうるのだ。例えば、ネットワークの発展そのものを阻害する中央集権的な管理への監視といった意味合いをもつアクセスなどである。しかし、具体的な規範の修正はさておき、ここではネットワークの倫理の独自性への問題提起だけにとどめておきたい。

第2章　人格の問題

1　人格と所有の関係

前章で見た、ボーグはネットワークの本質を考える上で面白いモデルになった。ここでは今一度、ボーグに登場してもらい、今度は人格の問題を倫理学的に考えてみよう。その際、「ボーグ・ナンバー・スリー」（"I, Borg"）というエピソードを題材にしたい（正確には「われは、ボーグ」が正しいタイトル）。以下のような話である。

†あらすじと論点

救難信号を受けたエンタープライズから上陸班が派遣された。そして、ボーグ船の残骸と数体の死骸、そして傷ついた若いボーグを発見する。ボーグ本体がその機能である個々のボーグを回収にやってくるのは必至である。ピカード艦長は直ちに帰還を命じるが、船医のドクター・クラッシャーはどんな生命体でも救助すべきだという。ピカード艦長はそのボーグをエンタープライズに収容することをしぶしぶ認める。

やがて、収容されたボーグは意識を取り戻し、シールドで隔離された拘禁室でエネルギー・情報伝達ターミナルを求めて動き回り始める。囚われたボーグの部屋に機関主任であるジョーディがエネルギー供給ターミナルを設置する。その作業の最中にそのボーグは初めて言葉を発する。「われわれはボーグだ。抵抗は無意味だ」。彼にはもちろん個人という意識が無い。会話を交わしたジョーディは奇異に思うと共に、新たな興味を抱いた。

ジョーディが中心になり、ボーグの生態や構造の分析が開始された（実際はボーグの頭脳であるバイオチップに破壊プログラムを組み込み、ボーグのネットワークを通して、そのプログラムを送り込む作戦。つまり、ウイルスプログラムをネットワークに流すようなことを計画していた）。名前をもたないボーグには「ブルー」という名前が付けられ、ブルーとジョーディの間には友情のようなものが芽生えはじめる。つまり自分を救ってくれ、なおかつ身体を修復してくれる彼に心を開き始め、調査に協力的になるのだ。そしてブルーは個人という心の孤独の中で生きている、ネットワーク化されていない人類に興味を覚える。

ボーグであるブルーは人間に『あなたたちは孤独な存在なのだ」と言う。なぜ人間が個人の存在なのかを彼が理解するのは困難である。しかし、自分たちボーグのように心が繋がっている方が優れているという以前の考え方に疑問をもちはじめ、ネットワーク内存在から分離されたブルー自身に個人の意識が発生し始める。つまり、ブルーは自我に目覚めたのだ。

このエピソードによって、自我の起源(「ひと」から個体へ)、人格と所有の相関関係、一人称と権利の問題などをいろいろな観点から考えることができそうだ。

†人格とは何か

まずわれわれが通常もっている人格概念についてあらかじめ概観しておこう。後で登場するデレク・パーフィットによれば、人格の本質としてもっとも単純に言われるのは「自己意識的でその同一性と通時的な連続的存在を意識していること」[1]である。人格は単なる人間とは区別して語られるのが通例で、人間という種であるか、人間に固有の身体をもっているかということよりもしろ、自己意識があるということが人格の本質とされる。

通時的に人格の同一性が保たれるとは、二つの異なる時点の人格が同一人格であること、またはある人格が時間にわたって連続的に存在することである。
人格の同一性は論理的に一対一対応関係であり、かつ推移的な関係である。つまり「私」は同時に存在する二つのものと同一であることはできないし、ある過去の人格が現在の私と同一であり、現在の私が未来のある人格と同一であるならば、その過去の人格と未来の人格とは同一人格と考えられる（本章2参照）。

このように、意識、記憶の連続性に私の同一性の基準があると考えたのはジョン・ロックである。ロックは『人間悟性論』（John Locke, *An Essay Concerning Human Understanding*）の第二版で付け加えられた第二七章「同一性と差異性」（"of identity and diversity"）において、人間（man）の同一性と人格（person）の同一性を区別し、論じている。人間（man）の同一性とは、端的には生物としての人間身体の同一性である。

私たちの心にある人間の観念とは、人間というそういった一定の形状の動物の観念以外の何物でもない。なぜなら私の考えでは、誰でも自分自身と同じ形の生き物を見れば、たとえそれが猫やオウムより理性的でなくても人間と呼ぶだろうし、また猫やオウムが話したり、推論したり、哲学的思索をしているのを聞いたとしてもそれを猫やオウム以外のものとは考えないだろう。あくまで前者は愚鈍で非理性的な人間だし、後者はとても賢い理性的なオウムである。(2)

このようなある種の「形」経験に対してロックが考える人格（person）とは、「思考する知的な存在者」（a thinking intelligent being）、つまりそれは「推論および反省の能力をもち、自分自身を自分自身と考えることのできるものであり、また時と場所が変わっても同一の思考するものである。そしてこのことは思考とは分離できない意識によってのみ可能であり、その意識は思考にとって本質的なものである[3]」。さらに、この意識こそが人格の同一性をつくりだすということはどういうことなのだろうか。「意識がいつも思考に同伴し、この意識がすべての人をその人が自分と呼ぶものにさせ、これによってその人自身を他のすべての思考するものから区別するから、この意識によってのみ人格の同一性、つまり理性的な存在者の同一性が成り立つ[4]」。

こうして、人格的同一性と身体の同一性とは別のものとして捉えられ、人格の同一性は連続した記憶における自己意識の同一性に基礎づけられるのである。記憶の連続性と自己意識の統一性が人格の同一性の基準になり、ロック以降の多くの論者がこの問題を議論の的にしていくことになる。

† 人格と個体の関係

第1章で見たように、ボーグは常時接続のネットワーク的存在者とでも言うべきものである。その大きな特徴は「私」の不在であった。彼らの世界には一人称単数が存在しない、つまりは個人が存在しないのである。そして、等質化された「ひと」（三人称）の地平の存在者であった。これはインターネットにおけるTCP/IPシステムのIPアドレスの完全な平等性と類比的に考えられる。インターネットの基本原理は、このIPアドレスをもつ端末では相互に平等にさまざまなレベルでの接続を行なうことができるということである。IPアドレス＝個々のボーグと考えれば、それらは完全に等質化された存在者として、インターネットのプロトコル（Internet Protocol）に従う関係性の変項である。インターネット全体（グローバル・ブレイン）をボーグ集合体に見立てて、形式的には、電子ネットワークの世界とボーグの世界とは同じ構造をもつと考えたわけである（開放系と閉鎖系という違いはあるが）。そして、そこにおけるコミュニケーションを個体の関係性ではなく、特殊者の関係性として位置づけることが前章の結論であった。

さらに第1章では、個体は人格をもつ、あるいは「私」は身体に基礎をもち、非身体的である「ひと」（特殊者）は人格をもたないという主張をしたわけだが、これを所有という観点から再検討してみよう。

†所有一般とは何か

まず、「所有」を一般的に考えてみよう。端的に言って、「Xを所有している」とは、「Xを思い通りにすることができる」ということである。つまり、所有とはある主体がある客体に対して、自律的に、自らの支配領域として何らかの関係行為（Verhalten）をすることができるということである。例えば、金星の土地のように、誰も思い通りにすることができないものは、誰の所有物でもない。それゆえ、所有権は、使用・収益・処分・譲渡などの「思い通りにしうる」権利の束なのである。

また、Xをもっているが、それを思い通りにすることができない場合、それは所有ではなくて占有と呼ばれる。例えば、私は友人からイスを借りて、その上に腰をかける（占有するoccupy）ことができるが、そのイスを勝手に処分することはできないので、イスを所有しているわけではない。このことは、土地所有者である地主の土地を、小作人が占有して利用していることを思い浮かべてもわかるだろう。ただ、基本的に、ものを所有するときは「占有」と切り離しては考えられない。

思い通りにする者（所有主体）は、個人、家族、企業、国家などであろう。では、所有の客体であるXは何であろうか。吉田民人の整理によると、所有客体は資源であり、四つに分けることができる。物的資源、情報的資源（有意味な記号の集合で知的所有権も含む）、人的資源（経済的代表格は労働力商品）、関係的資源（つまりそれによって何らかの資源が入手可能な社会関係そのものも所有客体である）である。[5]

われわれは、価値あるもの（X）、すなわち資源を、どの種類であれ、所有したいという欲望をもつ。所有は、法によって正当化された占有だと、通常の法哲学は説明する。では、一体その所有とはどのように正当化されているのだろうか。

✝ロック的近代所有概念としての「私的所有」

近代的所有観を確立したのはジョン・ロックであろう。ロックの労働所有観は、周知のように、自分の身体は自分のものであるから自分の身体が生み出したもの・加工したものは自分のものであるというものであり、つまるところ私的所有とは自己労働に基づくという論理である。

すべての人間は、自分自身の身体に対する所有権をもっている。これに対しては、本人以外のだれもどんな権利ももっていない。彼の身体の労働とその手の働きは、まさしく彼のものであるといってよい。そこで、自然が準備し、そのままに放置しておいた状態から、彼が取り去るものは何であれ、彼はこれに自分の労働を混合し、またこれに何か自分自身のものをつけ加え、それによってそれを自分の所有物とするのである。(6)

労働の混入によって、私的所有を正当化する「労働取得説」は、自然権の思想に基づいている。自然物（共有物）に個人の労働が加わることによって、その自然物は個人の私有物になる。個人のもつものとしてもっとも根本的な私有物は個人の身体であり、身体による行為（労働）である。それゆえ、共有の自然物に私のものである労働が加えられることにより私有化されるのである。(7)

ここにはもちろん知の私的所有も含まれる。つまり、精神労働から私的所有を導き出すのである。発明や技術の所有に関して、ロックは以下のように表明している。

人間は（彼自身の主人であり、自分自身の身体とその行動または労働の所有者であることによって）自分自身のうちに所有の大きな基礎をもっていた。そしてまた、発明や技術が衣食住の便を改良したときに、彼の生存を支え、快適にするために彼が用いたものの大部分を構成したものは、完全に彼自身のものであり、他人との共有物ではなかったということである(8)。

このように、ロックは無体物に対しても排他的所有を認めている。このことは情報の「私的」所有の問題に繋がる。

ロックにおける「私的所有」の問題は身体（あるいは精神）に基づく私－人格と所有の関係として確立されたものなのである。人格の問題と所有の問題とは分かちがたい関係にある。では、ボーグの世界、あるいは電子ネットワークの世界の所有問題はどうなるのであろうか。

†ネットワークにおける「私」と「所有」の関係

電子ネットワークの世界である、サイバースペースにおける「私」と「所有」の関係を考えてみよう。しかし、これは結局、非「私」と非「所有」という関係へと導かれることになるだろう。

第1章2で挙げたようなサイバースペースのさまざまな特徴は「非-私性」そして「仮想性」という性質に大きくまとめられると思う。かかる特徴をもつサイバースペースにおいては主体の存在がきわめて脆弱になる可能性があるということはすでに指摘した。われわれは身体性において共同性の世界を広げ、社会的な関係をつくる。そして、個別的な身体性を根拠として「私」という独自な構造を形成してきた現実の主体に対して、サイバースペースにおける非-身体的な主体はリアルな「私」ではないとも述べた。「私」は身体性に根拠をもっているからである。それゆえ、ここではロック的所有観が通用しない。

これらの特徴ゆえに、サイバースペースは「私」的所有よりも共有性を観点とすることが自然な世界なのである。つまり、その構造上、「自分のもの」という価値観を希薄化させる世界なのである。

突き詰めれば、サイバースペースにおいて「Xを所有する」という事態は、その構造上、非身体的主体である「ひと」が公共財である情報を共有すると読み替えることができる。「Xを所有している」ということはXを思い通りにすることができるということ」は電子ネットワーク時代においては別様に理解される可能性がある。ボーグに自分のものという観点がないこと（非「私的」所有）と電子ネットワークにおける所有関係とはパラレルに考えることができるだろう（この観点から、電子ネットワークにおいては、知的所有権は相対化されねばならないのではないかという論点も出てこよう）。

2　人格と倫理の関係

†パーフィットの「転送」――人格の同一性の問題

さて、先ほど言及したパーフィットであるが、彼は人格の同一性問題に新たな論点を加えた。それは人間の身体や精神のコピーによる人格の複製というポイントである（パーフィットの真意は、自己利益原理に反駁するために、人格の同一性が確定的ではないことを示すことだが、ここではそのモデルだけを借りる）。

パーフィットの『理由と人格』第三部「人格の同一性」では、スタートレックではおなじみの「転送」を使った思考実験を通して、人格の同一性の問題が論じられている。これを取り上げてみよう(9)。

人格の同一性の問題を再度定式化してみよう。すなわち、ある時点Tにおけるある人格Pと、それとは別の時点T′における人格P′が人格として同一であるのは、なぜか。あるいは、どのような基準によってであるか。つまり、何がその同一性を保証するのか。パーフィットはこの問題に対して、還元主義による解決を与え、人格の同一性を重要視する立場そのものを疑問視し、人格の別個独立性に基礎を置く社会哲学に対して、功利主義（個人の幸福を配慮しつつ、単純に効用の最大化をめざす）の復権を図ろうとした。

つまり、パーフィットは人格の同一性についての考え方を、エゴ（魂）のような持続的な実体の同一性として考える立場と、それを心的あるいは肉体的なものの連続性に還元して考える立場とに分ける。そして、前者（非還元主義）を否定して後者（還元主義）を採用する。「還元主義が否定するのは、経験の主体が、脳やそれに一連の肉体的心的な出来事から分離した、離れて存在する実体である、という考え方である」。

パーフィットの人格の同一性を、心的なものの連続性に還元して説明するとは以下のようなことである。例えば、今日の私と昨日の私とが人格的に同一であるのは、その間にある最低限の心的なもの（記憶など）の連続性がある、つまり人格の同一性の条件は、（1）少なくともある種の推移率の満たされる心的な連続性（R関係）が成立し、（2）かつての私とR関係にある他の人格が存在しないことである。

ここで、このような主張をするために取り上げられたパーフィットの思考実験の例を見てみよう。私が地球上の「遠隔転送機」に入り、緑のボタンを押すと意識を失う。その間、スキャナーが私の全細胞の正確な情報を記録しながら脳と体を破壊する。そして光速のスピードで情報を火星の複製機に送り、その情報を物質化する。私は火星で意識を回復する。

この場合の転送前と転送後の人格の同一性は問題がなかろう。先ほどの人格の同一性の条件、（1）少なくともある種の推移率の満たされる心的な連続性（R関係）が成立、（2）かつての私とR関係にある他の人格が存在しない、は満たされている。

しかし、パーフィットはこの転送の例を変形する。今度は火星に行くために「遠隔転送機」の緑のボタンを押しても、意識を失わないで私は地球上にいる。機械の故障かと思うと、新しいスキャナーは私の脳と身体を破壊することなく、全細胞情報を記録して、火星に送り、物質化するとのこと。つまり、転送されていたのは「もう一人の私」ということになる。火星にいる同じ記憶をもった私自身と会話もできるという。しかし、「もし私がここにいるならば、私が火星にもいられるわけはない」のだ。さらに、地球上の私はスキャンの時に心臓にダメージを受け、数日中に心不全で死ぬという救いがたい状況なのである。

†情報媒体と情報内容

情報と情報媒体を混同することによって、疑似問題を作り上げてしまった最悪の例としてパーフィットを挙げる加藤尚武は、脳の分割という別の思考実験を取り上げて、次のように批判する。「脳を切断することによって、一つの人格を二つの人格にすることができるとしたら、人格の同一性の概念はどのように変容されるべきか」というのがパーフィットの問いであるとされる。「つまり、霊魂の単純性に含まれる永遠に不可分であるような自己同一という観念形態を揺るがすために、脳の切断や融合が、人格の分割や融合になるという想定をもち出して議論を進めるが、「脳」を物質名詞で示されるような可分的なものと想定して、その脳と人格が同一だという想定をしている。つまり、この想定そのものに人格を可分的なものとみなすという前提が含まれているので、パーフィットの問いは、偽装されたトートロジーにすぎない」のだと。

パーフィットの「人格の不可分性・自己同一性は疑いうる」の主張は、脳が可分的である以上は人格も可分的だという想定で作られた擬似的な「問い」であるというのが批判の肝であろう。

パーフィットは、脳という情報媒体と人格という情報内容を混同している。しかも、人格の座は脳に局在する、人格は情報の内容ではなくて、情報を統合するシステムであるという点もまた無視している。したがって、パーフィットの問いから、哲学的に正しい部分を切り出してこようとしても、どうしてもそれができない[10]。

彼の脳内情報同一＝人格同一説批判は「転送機」ケースの二番目の例も疑似問題であると退けるであろう。

しかしながら、この事態はボーグの世界では完全に成立する。「転送によるボーグの人格の分裂」といっていいのかどうかわからないが、同時に複数の「私」、というよりも「われわれ」（ひとの地平）が成立することこそがボーグの基礎をなすからである。つまり、ボーグにおける身体と人格は、一対一対応ではないのである。別言すれば、情報媒体（ボーグのネットワーク）は情報内容（人格＝集合意識）と完全に一致している。ボーグのネットワーク全体がある種の人格（個体）であって、個々の身体（ボーグ）は「ひと」（非人格）にすぎないのであるから、金太郎飴のように可分的であるとも言いうるのである。電子ネットワークの世界も基本的にはこれと同じ構造であろう。もちろん、われわれ人間はボーグと違って、ネットワーク上での非人格的関係性（身体と人格の非－一対一対応）と現実世界での人格的関係性（身体と人格の一対一対応）の二重性を生きていることに留意する必要があるのはいうまでもない。

†人格と非人格

個々のボーグのようなネットワーク「人格」（これはカッコ付きである、なぜなら非－人格的存在だからである）、それと類比的に語られる、電子ネットワークにおいて身体性が捨象されたネット人格、つまりは個体でない＝自我がない「ひと」関係の倫理性と個体＝人格の倫理性との違いをもう一度振り返っておこう。

再三強調するように、電子ネットワークにおける倫理性は、ひとの地平に属する。誰でもない、どこにもいない「ひと」がその世界であるサイバースペースの共同性を担っているとされた。現実社会の倫理が個体の地平の倫理（個体性）の上を動いているとすれば、サイバースペースの倫理はひとの地平の倫理（特殊者）のレベルで成立する。これは情報内容が基本的にはコピーであることに由来する。

現実社会の倫理を特定の身体性・空間性に基づく人間関係の倫理とし、サイバースペースの倫理は端末に接続する限りでの人間関係の倫理、しかもひと一般に定位する倫理と考えれば、倫理性には自ずと差異が生まれる。身体そのものが共同的であり、特定の時間・空間において「私」を成立させる中心として働く現実社会では個体として特定の人格と「私」は切り離せないが、先に述べたようにネットワークにおける非‐身体的人格にはリアルな「私」がないからである。これを持続的関係性（人格）と接続的関係性（非人格）の区別と呼んだが、これを改めて、倫理性Aと倫理性Bとして定式化してみよう。

†倫理性Aと倫理性B——一人称と権利の問題あるいはグループ内の倫理

まず、人間関係を二つのモデルで表わしてみよう（図2‐1参照）。

倫理性Aと倫理性Bは形式的には、同じように見えるが、生成からして別様である。倫理性A（個体性の倫理）では、世界の中の個体である実体が先行して、それらがお互いに関係を形成する。人格と人格との関係が、意志や権利といった事柄と結びつく。持続的実体としての人格が主人公であり、一人称（自我＝個体）と権利の問題も生じる。あるいは「私」と意志を結びつけることによって個

図２－１　倫理性の二つのモデル

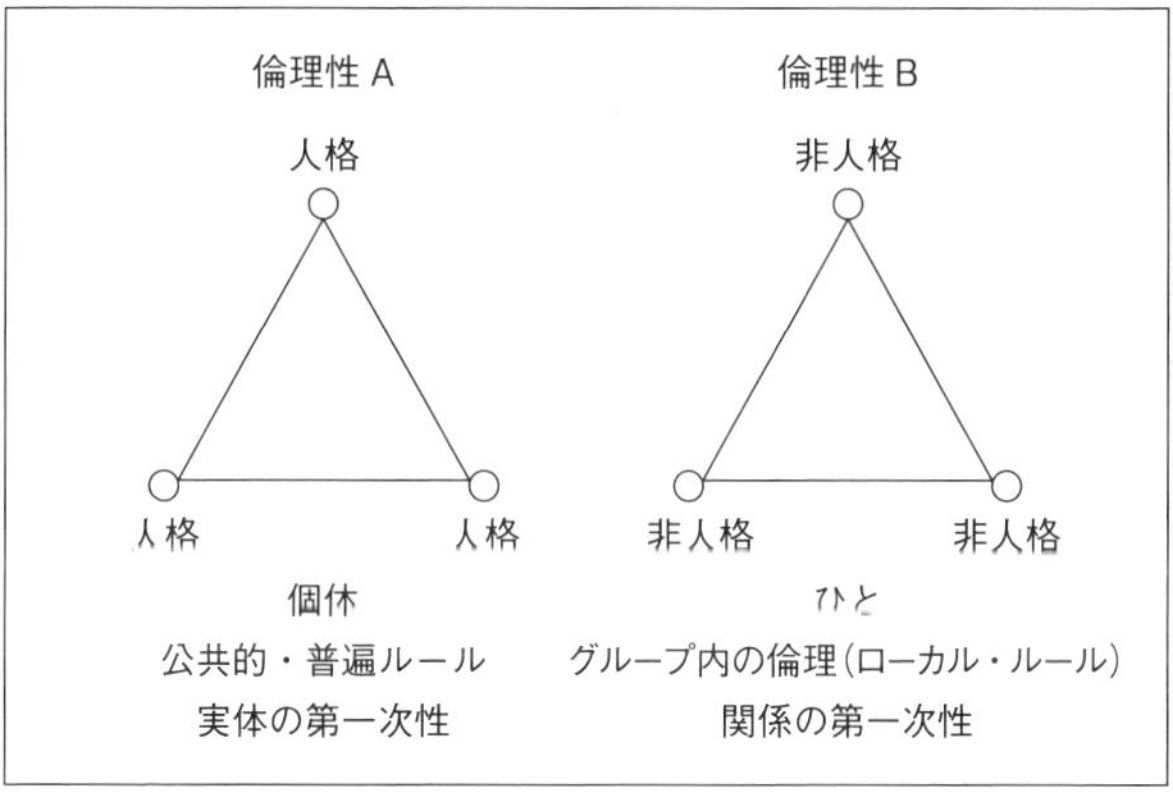

体化する（パーフィット的にいえば、非還元主義に属する）。この関係は、いわば公共的な普遍的ルールへと開かれる。というのも、自律的アトムとしての個体の関係だからである。

倫理性Ｂ（「ひと」の倫理）はトライアングル（関係性）が先行して、不定の対象である変項が生成する。精神の連続性が主人公であり、グループ内の倫理＝ローカル・ルールがすべてである。「ひと」は意志をもたないし、権利も主張しない。というのも、非「私」であるから（パーフィット的にいえば、還元主義に属する）。このような構造上の差異をもっているのである。

最後に、現実世界と電子ネットワークの世界（ボーグの世界）という二つの世界の対立軸を表わすことをひとまず超えて、現実世界に定位して、広く社会倫理的な観点で二つの倫理性を素描しておこう。誤解のないように付け加えると、現実世界（倫理性Ａ）－電子ネットワークの世界（倫理性B）という関係を現実世界（倫理性A）－現実世界（倫理性B）という関係に組み替えてみるということである。ごちゃごちゃしているが、この二層は構造上区別しうる。というのも、現実世界では、倫理性Aも倫理性Bも身体性を免れないからである。

倫理性Aは人格の個別性（実体の先行性）が重要である倫理性である。倫理理論としては、人格の観念が個人的であれば、リバタリアニズムに傾斜し、人格の観念が社会的であれば、共同体主義に傾斜するだろう（ここでは、人格の同一性は、記憶の同一性だけでは成立せず、記憶の同一性は人格の同一性の成立条件の一部と考えるのであろう）。

倫理性Bは人格の個別性は重要ではない倫理性である。人格の観念が社会的なものであれば、つまり社会的関係の先行性を強調すれば、倫理理論的には、全体主義（もちろんこれはボーグの世界、電子ネットワークの世界にも妥当する）へと傾斜し、人格の観念が個人的なものであれば、つまり独立した個人を先行させれば、パーフィット的功利主義に傾斜するということになろう（ここでは、記憶の同一性が人格同一性より重要である）。

ともあれ、人格の同一性は個体レベルで問題になり、それは倫理性Aに収束する。また、「ひと」レベルでは人格の同一性は重要ではなく、倫理性Bに収束する。

さて、個体と特殊者の問題は、人格と非人格の問題として、二つの倫理性へと導かれることを確認したということにして、本章を終えよう(11)。

第3章　コミュニケーション

1　コミュニケーションと倫理性

†コミュニケーションの不可能性からの脱却

第3章では、他者性の問題を言語の問題あるいはコミュニケーションの問題として考えよう。『新スタートレック』の「ダーマック」（"Darmok"）というエピソードは、コミュニケーションの可能性/不可能性、あるいは異文化理解といったことがテーマである。早速、あらすじを見てみよう。

エンタープライズ号とタマリアン人との間でコンタクトが始まった。この異星人種族とは以前にも接触はあったのだが、言葉が通じないため外交は成立していなかった。さて、タマリアン人の艦長ダッサンとの交信が行なわれたが、予想通りまったく意思の疎通ができない。ユニバーサル・トランスレーター（万能翻訳機）を用いてもタマリアン人の言葉が解釈できず、ピカード艦長は困り果てる。交信の最中に突然、艦長ダッサンとともにピカードが軌道の下の惑星に転送されてしまう。惑星上では、二本のナイフを掲げたダッサンがピカードの前に立っていた。「テレグラのダーマックとジラード」と言いながら近づいてきた艦長ダッサンはナイフを一本投げてよこす。ピカード艦長が戦う意志がないことを示そうとナイフを投げ返すと、ダッサンは「壁は崩れ落ちた」と言い残し、去って行った。

一方、エンタープライズではデータ少佐らがタマリアン人の言葉の解析を必死で進めるが、どうしても「ダーマック」の意味がわからない。そのうちに共通の敵らしき存在が近づいていることを知ったピカード艦長はようやくナイフを受け取る。エンタープライズでも謎の生命体の接近はセンサーに感知され、ライカー副長はピカード艦長を転送収容するよう命じる。

ピカードたちに敵がさらに近づいてくるが、その姿は見えない。ダッサンはピカードに何かを伝えようとするが、ピカードには理解できない。怪物がピカードに襲いかかろうとする直前、ダッサンは「拳をひらいた」と言った。その言葉からピカードはタマリアン人の言語が比喩でイメージを伝えるものだと気付く。彼らは比喩による言語体系をもっていたのだ。怪物と戦ううちに、ピカードとダッサンは次第に意志を疎通できるようになり、ともに怪物と戦うが、その最中にエンタープライズがピカードを艦に転送してしまう。そして、一人残ったダッサンは怪物に攻撃される。ピカードが再実体化したときにはすでに手遅れで、ダッサンは重傷を負っていた。ピカードとダッサンは最後の意志の疎通を試みる。やがて、ピカードは「ダーマック」が初めて出会った相手が友情をつちかう儀式だと理解した。ピカードが完全に言葉を理解したことを悟ると、タマリアン人艦長ダッサンは安心した表情で息をひきとり、ピカードは一人で怪物に対峙する。

†他者性の成立

このエピソードが提起している問題は何だろうか。コミュニケーションや異文化理解という明白なテーマの内に潜んでいるものは、他者性の成立という事態ではないだろうか。言葉が通じること、つまりコミュニケーションが可能になることで、心が通じ合う（心が伝わる）ことが可能になるというプロセスを描いているのではないだろうか。これを他者性の成立と捉えよう。情報伝達、あるいは心が伝わるということと他者性の成立とはいかなる関係にあるのか。この事態を、第2章で見た、倫理性Bから倫理性Aへの移行のモデルとして考えてみよう。

倫理性Aは人格の個別性（実体の先行性）が重要である倫理性であった。倫理性Bは人格の個別性は重要ではない倫理性であった。先に示した図をエピソードに即して、再掲しよう（図3－1参照）。

第2章では人格の同一性という観点から、人格の同一性は個体レベルで問題になり、それは倫理性

図３－１　倫理性の二つのモデル（人間とタマリアン人）

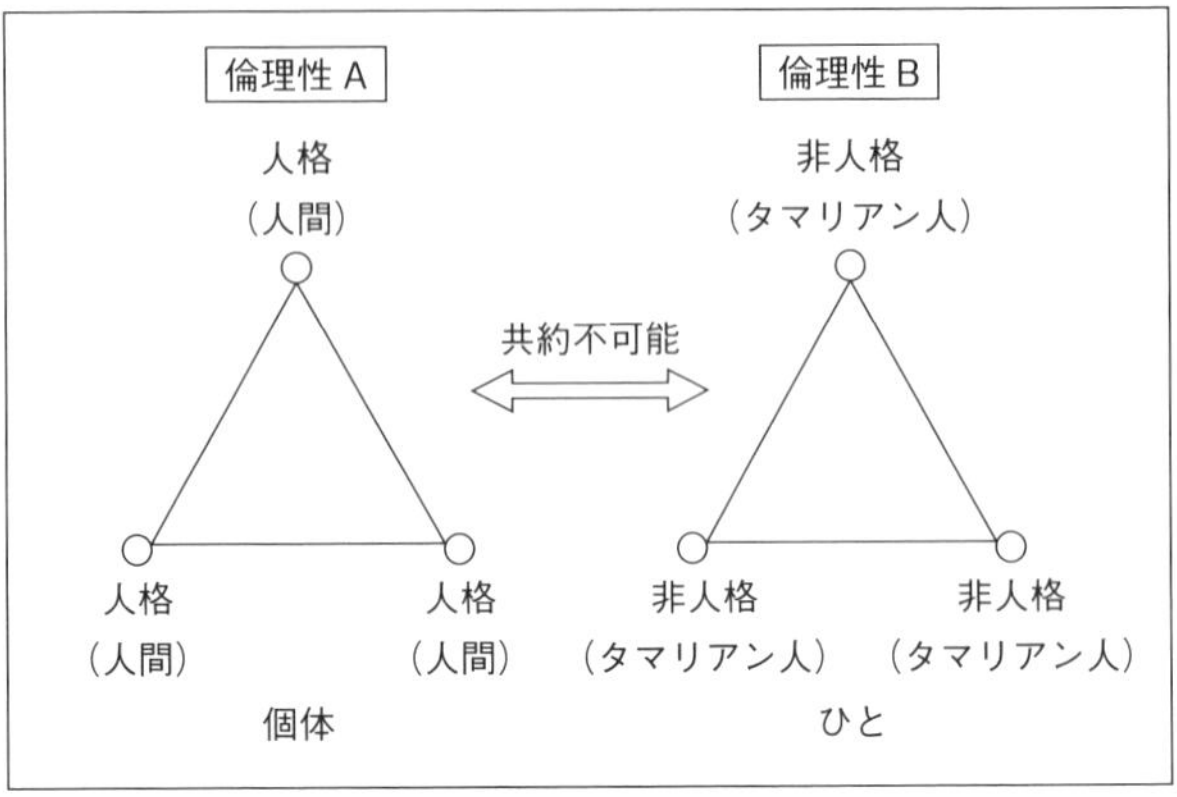

Ａに収束し、また「ひと」レベルでは人格の同一性は重要ではなく、倫理性Ｂに収束するとして、個体と特殊者の問題を人格と非人格の問題と捉え直し、二つの倫理性へと導いた。

ここでは、コミュニケーションという観点から、二つの倫理性を改めて見てみたい。そして、コミュニケーションの成立によって、倫理性Ｂから倫理性Ａへ移行すると考えてみたい。われわれから見たタマリアン人は、さしあたり倫理性Ｂのレベルに位置づけられている。しかし、コミュニケーションの成立によって倫理性Ａのレベルへと移行するのである。これは少し説明が必要かもしれない。タマリアン人が倫理性Ｂのレベルにいると認識するのは、もちろん人間（つまり倫理性Ａのレベル）の側である。タマリアン人側から見れば、人間も倫理性Ｂのレベルで認識されてもよいのである。想定は、コミュニケーションネットワークの差異による「共約不可能性」(incommensurability)、「すなわち共通の物さしで測れないこと」という「コミュニケーション不全」であり、それが対他関係の不可能性を言い表わしているということである。

そもそもコミュニケーションとは何か。コミュニケーション(communication)の語源は、ラテン語のコムーニス(communis)すなわち共通したもの、あるいは共有物(common)である。「共有」あるいは「共通」がキーワードであろう。伝達を通して、「何かが共有される」という事態、ないしはその進行のプロセスがコミュニケーションの意味にとって重要なのである。「伝達共有プロセス」あるいは「伝達の共有」というのが正しい意味ではないだろうか。その「共有」の欠如を倫理性ABの区別で表現していると理解されたい。しかし、一般に「情報伝達」と考えられているコミュニケーションを、現実世界に目を向け、まず概観してみよう。

2　情報とメディア

✝人間と情報の関わり

さしあたり、コミュニケーション(情報伝達)を考える際、「情報」と「伝達媒体」(メディア)という要素に分解することができるだろう。

人間は、さまざまな「情報」を生みだし、流通させることで、社会を形成している。流れる「情報」によって、すべての人間の活動が支えられていると言ってもよいかもしれない。人間は多様な「情報」を受発信し、そして、「情報」を集積し、管理・運用することで、すなわち「情報」を広汎に流すことでさまざまな「文化」と呼ばれる現象を展開してきた。人間の営みは多様かつ複雑であるが、「情報」という観点から人間の活動全体を捉えることもできるだろう。この意味で、人間の営みに関わる倫理の基礎は「情報」であると強く言うこともできる。

では、そもそも「情報」とは何か。コミュニケーションにおける「情報」を確定するためにも、人間が扱う「情報」の形式と意味を簡単に整理しておこう。

†情報という概念の分類

情報化された社会をどう捉えるかによって、「情報」の意味は変化する。情報化社会に即して考えてみよう。例えば、社会全体において、「情報」の量が占める割合が大きい社会を情報化社会と捉える立場において、「情報」とはすなわち「知識」(knowledge, intelligence)である。例えば、F・マッハルプの「知識生産社会論」に代表されるような、知識生産が国民総生産の中で大きな割合を占める社会がそれである。このような「情報」の相対量の増加だけでなく、絶対量が増加した社会もこの立場に含めてもいいだろう。これは実質的概念である。

また、情報化社会を発展の三段階説で捉える立場、すなわち農業社会(物質に依存)－工業社会

（エネルギーに依存）－情報社会（情報に依存）という歴史的な展開の産物として、情報化社会を考える立場もあろう。D・ベルの「脱工業化社会」やA・トフラーの「第三の波」に代表される立場である。この場合の「情報」は物質やエネルギーに比せられる根本概念としての「情報」（大文字のInformation）である。これは存在論的概念である。

さらに、コンピュータを中心とする情報機器の発達を基盤として情報化社会を捉える立場では、「情報」とはなによりもまず「データ」（data）であろう。これはコンピュータによって媒介された電子的情報であり、情報通信ネットワークを介して流通していく「情報」である。これは形式的概念である。

さしあたり、実質的概念、形式的概念、存在論的概念に分類したが、このように「情報」（information）という概念のもつ含みは多義的である。(1)

†情報の形式・内容・多様性

また、「情報」を形式面で捉えれば、定量化しうる。C・E・シャノンは、情報量を通信の立場から捉えて、ある事象の出現を伝達する際の量を「出現確率の逆数の対数」という数学的・統計的に明確な形で表現した。単位ビットで表現される、周知の情報量である。(2)

しかし、ここでは情報の意味内容がまったく捨象されていることから、内容面で捉えて、A・M・

マクドノウのように、経営の立場からではあるが、「情報とは現在の問題の諸要素とデータの適切な要素とを適合させる過程から得られる純価値の尺度である」と考える人もいる。ここでは、評価されていないメッセージである「データ」と期待と現実の齟齬である「問題」とが結びつき、そこに「知識」（データ＋将来の一般的な使用の評価）が加わり、「情報」（データ＋特定の状況における評価）が生じるというものである。これは人間の心の中で生まれる情報である。(3)

われわれは「情報」という概念に関して、さまざまなレベルを混在させたまま捉えているのが普通である。そもそも、「存在」や「幸福」に比せられるこの概念を簡単に定義できるはずもないのである。「情報」は多様に語られるが、その一性を取り出すことはきわめて困難である。ともあれ、本エピソードにおける「コミュニケーション」において伝達される情報は実質的概念としての「情報」（information）であるということは確認しておこう。

† メディアとメッセージの関係

今度は「メディア」を考えてみよう。「情報伝達（コミュニケーション）」と「媒体（メディア）」は密接に連関する。情報伝達はいかなる媒体を必要とするのか、「情報」は何によって伝達させられるのかということが、さしあたりメディアを知るための問題である。

現代社会では、コミュニケーション・メディアとしてのコンピュータが人間の情報活動の中心になっていることは間違いない。また、従来から存在するテレビ、ラジオ、新聞、雑誌などの伝達装置をメディアとして認識することのできない者はいないだろう。

しかし、そもそも「メディア」とは何か。「メディア」(media)は、もともとラテン語の「中間の」(medium)という言葉からの派生語で、十七世紀に、さまざまな対立項(神と人間、精神と世界など)を仲介するもの、媒介するものである「介在的要素」として、伝達作用やコミュニケーション媒体に限定されず幅広く使われていた。その後、写真・通信・電話・無線・映画などのテクノロジーの世紀である十九世紀以降の情報コミュニケーション手段の発達によって、メディアは送り手から受け手へのメッセージ伝達の媒介手段へと限定されていくことになった。十九世紀を境に、マスメディアの進歩によってコミュニケーションの歴史は転換する。ここにメッセージ(伝達される情報)とメディア(情報伝達媒体)の分離が成立した。メディアは単なるメッセージの伝達の手段として一般的に定着するのである。

†メディアが人間を変える

しかし、一九六〇年代にM・マクルーハンが提出した「メディアはメッセージである」というテーゼは、メディア概念を再び大きな文脈の中に引き戻した。そして、メディアと人間と社会との一体性がクローズアップされることとなった。

マクルーハンの『メディア論——人間の拡張の諸相』(1964)によれば、メディアとは「人間の拡張したもの」である。メディアを使用することは、そのメディアを構成している技術によって個人が拡張することであると同時に、それによって、それまでの社会的関係性が大きく変化することにほかならない。しかも、メディアは、メディアが伝えるメッセージ(情報)とは独立に、それ自体がメッセージを内在させているものとして捉えなおされる。メディアそれ自体が内在させているメッセージとは、この個人の拡張の質とそのことによって生ずる社会的変化の関係性の総体のことである。この意味でメディアは情報伝達手段ではない。メディアそのものが人間のそれまでのありかたを変え、社会的な関係を新たな形で編成するのである。

マクルーハンのメディア論によれば、あらゆるメディアが人間の器官の拡張にほかならないのであるが、自動車や鉄道は人間の足の拡張であり、電話は人間の耳と口の拡張であるように、オートメーション(つまりコンピュータ)は、人間の脳・中枢神経組織の拡張であるとして、これらの拡張が新たな人間関係・社会関係を生み出すのである(4)。一時流行した「インターネットはグローバル・ブレイン」というキャッチフレーズはこのことを別言したものとも言えよう。

そして、メディアとしてのコンピュータが作り出す情報空間そのものが人間関係や社会関係を新たな形で編成するということを、マクルーハンのメディア論から読み取ることができる。これは、新たなコミュニケーションの可能性を提起した(第1章2で見たサイバースペースの倫理、すなわち倫理性Bである)。

このように、「メディア」は単なる道具やテクノロジーではない。「メディア」は、人間の感覚や神経や思考に深く浸透し、内在化して、内部から人間を変えてしまうものなのである。しかも、人間は「メディア」なしには外部世界を認識したり、関わったり、表現したりすることも不可能である。したがって、時代によって中核となる「メディア」が転換するごとに、世界の認識の仕方、時間・空間の考え方、人間観、表現の仕方が変わり、知の形態が変化してきたのだ。

さて、言語は、イメージを分節化し、記号化し、抽象化することのできるメディアとして、時間をかけて培われてきたまさにメディアそのものである。ここでは、言語はこのような意味での言語メディアなのである。それゆえ、広義の言語コミュニケーションによって、社会的関係(心が通じる)が成立するのである(ただし、これは広い意味での言語コミュニケーションであり、単なる能力のことではない)。

3　情報伝達と「心」の存在、あるいは言語と倫理

†「哲学的ゾンビ」

情報とメディアを整理したところで、話をもとに戻そう。言葉が通じる(コミュニケーション可

能）ということが他者性の成立要因であり、それは心が通じるというプロセスであるとして、本章のエピソードを解釈した。これは、タマリアン人に「心」があるということがコミュニケーションの成立と同時に確証されたということである。これは、序章で見たアンドロイドのデータ少佐に「心」があるのかという問いと並行的である。それゆえ、この二つの事例を扱おう。

他者に心があるかどうかを問う場合の理論的アイデアに心の哲学の分野における「哲学的ゾンビ」というものがある。それは、外面的には普通の人間とまったく同じように振る舞うが、内面的な経験（現象的意識、クオリア）をまったくもっていない人間と定義される仮想の存在である。

哲学的ゾンビは外から見る限りでは、普通の人間とまったく同じように、笑いもするし、怒りもするし、熱心に議論さえする。しかし普通の人間と哲学的ゾンビとの違いは、哲学的ゾンビにはその際に楽しさの感覚も、怒りの感覚も、イライラした感覚もまったくない、という点である。またこのような気分だけではなく赤いものを見たとき感じる「赤のクオリア」、音のクオリア、味のクオリア、匂いのクオリアなど、ありとあらゆる内面的経験をまったくもたない。したがって、心をもたない存在なのである。(5)

✝アンドロイド・データの場合――心の定義の限界

「哲学的ゾンビ」は二種類に分けられる。ひとつ目は「行動的ゾンビ」、外面の行動だけ見ていては、普通の人間と区別できないゾンビ。解剖すれば人間との違いが分かる可能性があるという含みをもつ。アンドロイド・データは、「機械は内面的な経験などもっていない」という前提で考えれば、行動的ゾンビである。二つ目は「神経的ゾンビ」、これは脳の神経細胞の状態まで含む、すべての観測可能な物理的状態に関して、普通の人間と区別することができないゾンビである。タマリアン人や他の人間はこちらになるだろう。

現代の科学者は、「心」というものを科学的な研究対象とし、「心があるかないか」を客観的な基準によって決めようとしたが、こうした研究は決して実証的な研究にはなりえなかった。デイヴィッド・チャーマーズが主張したのは、実証的な研究から、人間は「哲学的ゾンビではない」という証明をすることができないということだった。つまり、アンドロイドも人間も哲学的ゾンビにすぎないかもしれず、いわば、感情移入をすることによって初めて「心がある」と見なされているのにすぎないのだと。では、「心」の存在はどのように理解すればよいのか。まず、序章に登場したデータに再登場してもらい、考えてみよう。データは、アンドロイドであるにもかかわらず、「心」がある存在だと認められたのだから。

エピソードを再度、思い出してみよう。人工知能のエキスパートであるマドックス中佐が自分の研究のためにデータを分解し、その機構を解析し、最終的には艦隊にとっての「有用性」ゆえにデータのコピーを作ろうとしていた。このとき、データは特殊者（所有の対象）として捉えられていた。他方、ピカード艦長は人間の条件としての知性、知覚、自己認識の三つがすべてデータに備わっていることを示してデータの基本的人権を認めさせようとした。これはデータが物品ではなく、人間と同等の扱いをされる存在であることを証明するためである。それは人間並みの知性があることを確認することによって、いわば「心」があることを科学的に証明しようとしたのである。ただ、このレベルでは「行動的ゾンビ」の可能性を排除できない。

しかし、データを人間とみなす決定的な理由はかけがえのない部下である彼を失いたくなかったというものであった。これは明らかにデータを個体として捉えていることにほかならない。ほかのもので代替できないと考えているのである。データを分解することにためらいがあるとすれば、それは「この」データが端的に否定されるからにほかならない。もし、データがアンドロイド一般を先行者にもつ特殊者にすぎないのであれば、ほかのものが取って代わっても何の痛痒も感じないだろう。ここにこそデータを人間＝心のある存在とみなす根拠がある。データはひとりしかいない、端的にかけがえのない存在である、だから、倫理性Aに属する個体なのである。

†タマリアン人の場合――情報解釈への理解

タマリアン人の場合も同様に考えられる。コミュニケーション不全をおこしていた時の人間関係と言葉が通じたときの人間関係は明らかに違うのである。後で見るように、これを倫理性Bと倫理性A

の差異と考えたい。ピカードもダッサンも、「生きる」ということによって、自律的に「情報解釈」をしているのだが、互いの関係性を超えて伝達をするに至っていない。その際の情報はそれぞれに固有の情報であり、伝達できない情報である。（生物にとっての情報）このレベルではピカードとダッサンは、「同じように情報解釈をする存在」として互いに認識できない。

しかし、情報伝達が可能になるということは、「自分と同じように情報解釈する存在」を他の存在と違う性質があるものと捉え、コミュニケーションを行なうことができるようになるということである。ここで「自分と同じように情報解釈する」とは言い換えれば「心がある」ということにほかならない。こうしてコミュニケーションを通して、「自分と同じように情報解釈をする」という理解が生まれてくるとき、初めて「心」の存在が立ち現われてくるのである。逆に、コミュニケーションがまったく不可能である関係性において「心」は存在しない。(6) ただ、「心があるかどうかは科学的に決められる」という見方によれば、「神経的ゾンビ」の可能性は排除できない。タマリアン人は言葉が通じない以外は人間と変わらないのだから。

† コミュニケーション・社会的関係・心

「心」というのはそもそもコミュニケーション（これは言語コミュニケーション、非言語的コミュニケーションを問わず）や社会的な関係によって成り立つと考えたい。これは、広い意味での言語と倫理の問題になろう。

「心」の問題とは、「コミュニケーション可能性」（特殊者ではなく、個体としての関係を構築すること）の問題であり、もっと言えば「共感可能性」（特殊者ではなく、個体として認知すること）の問題にほかならない。人間は自分が「コミュニケーションできる範囲」や「共感できる範囲」を定め、その外側に対してはコミュニケーションや共感することを拒否する。その範囲こそ、われわれが「心がある」と考える対象の範囲であろう。それを個体と特殊者の問題として考えることが重要である。[7]

「アンドロイド・データには心がある」、「タマリアン人には心がある」ということを「コミュニケーションの可能性」、「個体と特殊者の問題」としてまとめてみよう。

さしあたり、心がある存在の関係性が倫理性Aであり、心がない存在の関係性が倫理性Bである。

アンドロイド・データの場合は、倫理性Aの個体の関係性の内で仲間として認知されることによって、「心」があるのである。ここでのポイントは、科学的に「能力」や「機能」が人間並みであるということが「心」の条件ではないということである。データは「特殊者」（心のない物体）ではなく、「個体」として、社会的関係をもっている限りで、「心がある存在」として理解される。このとき、データは他者性を獲得したのである（図3－2参照）。

タマリアン人の場合を見てみよう（図3－3参照）。意思疎通がまったくできなかった関係性は倫理性Bである。もちろん、ここでもコミュニケーション能力がないことが「心」がない理由ではない。

図３－２　アンドロイド・データの倫理性

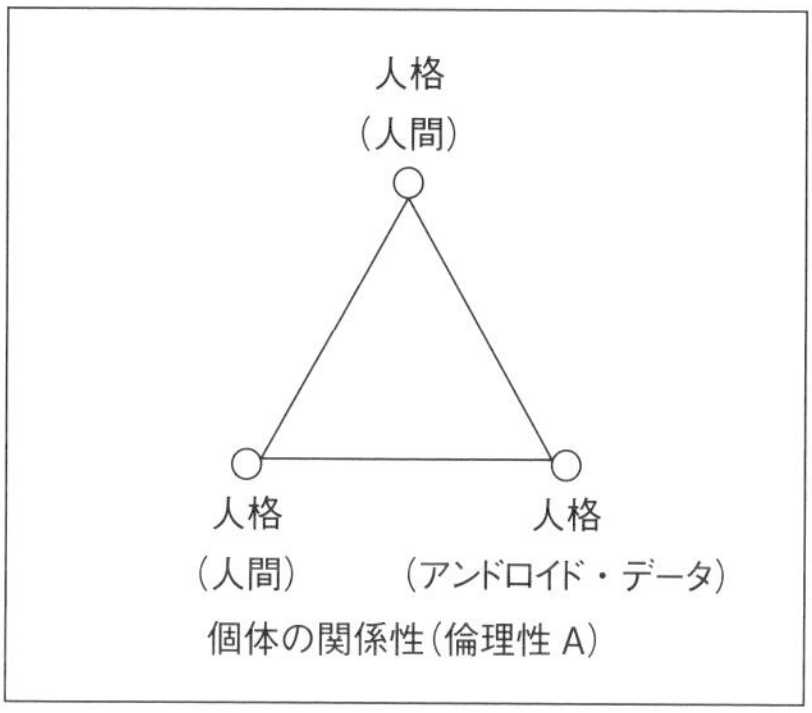

図３－３　タマリアン人の倫理性の変化

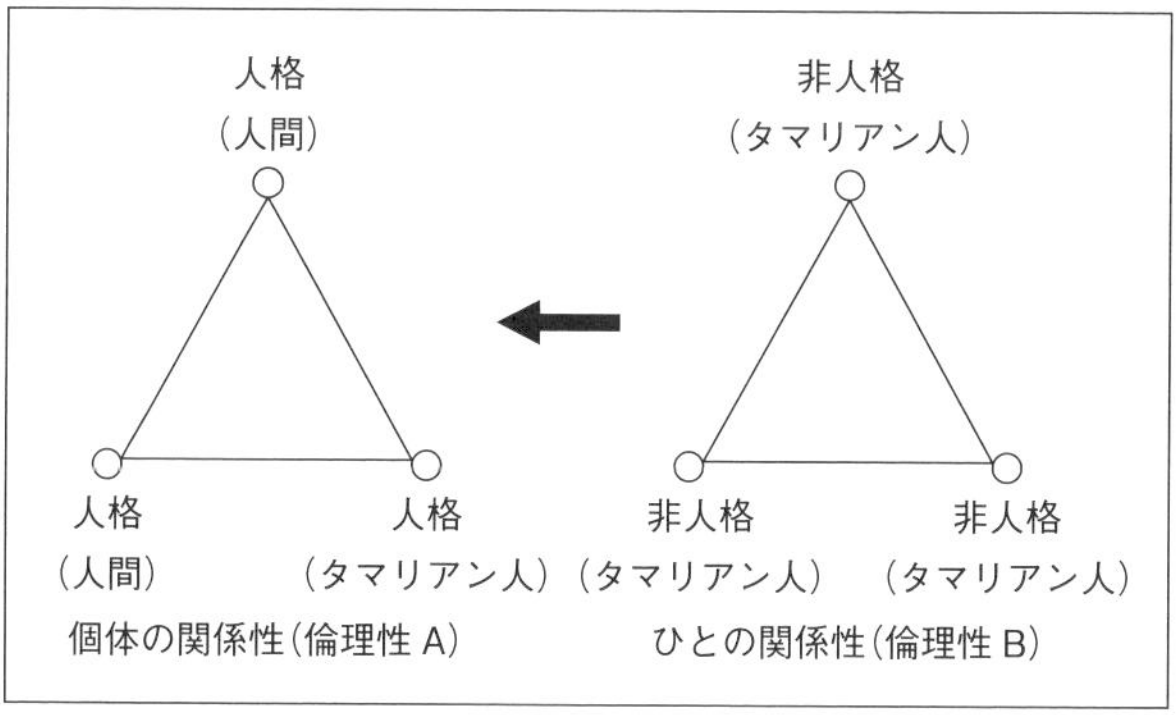

理解という社会的関係を構築できない限りで、「心」がない存在の関係性の内に特殊者として位置づけられているにすぎない。エピソードにあったように、ピカードとダッサンの意思疎通を図る内に、お互いの「共感」が作動したとき、倫理性Bから倫理性Aへと、つまり個体の関係性へと移行したのである。心が通じ合うということが「心」の存在であり、タマリアン人が他者として成立するという事態である。これは、非言語コミュニケーションから言語コミュニケーションへの単なる移行プロセスではない。あくまでも、特殊者から個体への関係性の転換なのである。

この他者性の構造を応用すれば、動物に心はあるのか、脳死の人に心はあるのかなども同じように考えることができるのではないだろうか。心のない物体なのか、心がある存在なのかはコミュニケーション（何度も強調するが、これは言語コミュニケーションに限らない）の可能性と共感可能性という、個体としての関係性と個体としての認知にかかっているといえよう。科学は「心」の存在を能力や機能で判定をする。当然、コミュニケーション「能力」や「機能」のない猫や脳死者には「心」がないことになってしまう。しかし、脳死者は脳幹の機能はなくても、手を握ったら握り替えしてくるというような反応をすることがある。あるいは、猫と気持ちを合わせる飼い主は決して少なくない。これをある種の「コミュニケーション」とするのなら、別の意味で「心」があることにもなる。

本エピソードは、われわれに「心」のある他者とは何かについての重要な示唆を与えてくれるのである。

II　生命の倫理

――コピーの地平――

第4章　遺伝子操作惑星と人工妊娠中絶

1　生命倫理学の領域へ

†バイオエシックスとは何か

ここからは生命にかかわる倫理的問題を取り扱うことにしよう。

一九七〇年前後から科学技術の発展とともに急速に拡がってきたバイオエシックスという学問は、われわれにさまざまな分野における問題に対する選択を迫ってきた。なぜなら、バイオエシックスとは、「分子生物学その他の生物学の発展によってもたらされた、新しい技術を人間に適用する際の倫理的基準に関する研究課題」を指しているからである。科学技術と人間の価値観の間に生じている葛《かっ》藤《とう》を調整することが必要になってきたのであろう。つまり、今までの倫理的な基準では問題に対応できなくなったこと自体がバイオエシックスを要求しているとも言えるのである。テクノロジーの進歩が問題の本質的変化をもたらしたかのようである。とりわけ、この倫理的基準が適用されるものに医療の現場における脳死及び臓器移植、安楽死、生殖医療などがある。しかし、これはあくまで外的規範の整備の問題に収斂するように思える。結局のところ、どうやってコンセンサスをうるのかという手続きの問題にすぎないのではないだろうか。そもそも、テクノロジーの進歩が問題の本質を本当に変えたのだろうか。(1)

† 遺伝子操作惑星

テクノロジーの進歩が極端な場合の思考実験として「遺伝子操作惑星」(原題は"THE MASTERPIECE SOCIETY"であり、正確には「社会構造の傑作」と訳すべきであろう)というエピソードを利用して、この問題に当たってみよう。宇宙暦45470・1、エンタープライズ号は天災の危機に瀕したある惑星で遺伝子的に設計された社会を形成している人類の移住民たちに遭遇する。その惑星では少数ではあるが共同体のすべての構成員の役割分担が遺伝子レベルで決まっていて、一人として不必要な人間がいない。一人一人が社会で重要な役割を果たしているのである。つまり、遺伝子操作によるとはいえ、非常に調和のとれた理想的な社会が営まれている。構成員はそれぞれの能力を最大限に発揮し、完結した「幸福な」世界を形成している。遺伝病は淘汰され、皆何不自由なく健康に生き（偶発的な事故以外では皆天寿を全うしている）、そのことにさしあたり疑問をもたない。皆が（少なくとも外見的には）いきいきと楽しく生きている。申し分のないすばらしいユートピアのように思われる。(2) 当然のことながら、この世界では中絶という問題は生じえない。

しかし、この世界は本当に「幸福」な世界なのか。ここは意図的な制度設計によって生が操作されている閉じた社会である。つまり、ここは自分の人生を選ぶということがない社会なのである。しかも、いわゆる「優生思想」が貫徹されている社会でもある。本来、われわれは自分たちの生を自由に選択することができるし、できるべきである。それがまったく不可能なこのような世界にわれわれは住んでみたいと思うだろうか。

このエピソードの中で、住民の一人がエンタープライズ号との接触によって外界を知り（そこで初めて住民に疑問が生じた）、自分がほかの人類から隔離されていることを悟って、調和を乱すことを覚悟で（その調和を乱すことは、この惑星では計画設計された社会の崩壊を意味するのだが）この惑星を出たいと考えたのも、自由な生の選択を欲したからなのである。そして、そこで安定や秩序を乱すことによって初めて自由の意味も獲得したと思われるのである。

われわれの世界においても、遺伝子工学上の処理の目的は現実に病気の治療と能力の増進にあるということを考えるならば、われわれの地球が「遺伝子操作惑星」にならないとも限らないのである。

しかし、病気が治り、各自が能力を発揮できる完全な社会ができて何が悪いのかと反論されそうである。ただ、問題なのは、この遺伝子操作惑星においては生の意図的な管理がなされており、この動向に対してどこかで歯止めをかけるような観点が必要なのだということなのである。

この物語の中には大きく二つの論点があると思われる。一つは、人間の自由の問題が生の選択に存しているということ。つまり、自分の生を生きるということはどういうことかという問題である（所有と存在の問題として次章で考える）。今一つは、必要な人間と不必要な人間の区別ということである。その場合、不必要な人間とは一体誰なのだろうか（中絶一般の問題として本章で考える）。

2 人工妊娠中絶問題へのアプローチ

ここではとりわけ、人工妊娠中絶問題一般に焦点を絞って、バイオエシックスがわれわれに突きつけている問題を考えてみたい。この問題の重要性は「生と死の典型」に関するにもかかわらず、その倫理性への問いは日本では比較的軽く扱われているからである[3]。

まず本節では、この問題を簡単に整理し、三つのアプローチ（人間の道徳的地位の基準、権利の衝突、批判的レベルでの考察）を検討して、それぞれがアポリアに陥ることを指摘する。そして、次節で別の観点から改めてこの問題を見直してみたい。つまり、選択の枠組みが二つあるということからモラル・アポリアの解釈を試みてみたい。すなわち、自由主義的観点と共同体主義的観点の対立の枠組みを確認して、「個体と特殊者」の概念を導入し、この問題を再定式化する。そして、バイオエシックスは特殊者を前提にして中絶問題を理解していることを示し、これと異なった次元で解釈する可能性を剔抉《てっけつ》したい。もとより、ここでは人工妊娠中絶の是非を問うことが主眼ではなく、何が問題なのかを改めて考えることが目的である。そして、倫理学が可能性の中の選択の幅を決めるシステムであるとして、その選択の幅は広がったとしても、問題の本質が変わったわけでは決してないということを示したい。

† 問題の整理 —— 事実と価値

ウォレンによれば、二十年以上続けられてきた人工妊娠中絶問題の問いは「女性は期待しない妊娠を中絶する権利をもつのか。あるいは国家は熟考された中絶を禁止する資格が与えられているのか(4)」とされている。そして、人工妊娠中絶は法的に許されるのか、あるいは道徳的に許されるのか、あるいは道徳的に悪くても合法なのか、あるいは道徳的にはよいが違法なのかなど、法と倫理の関係で多くは論ぜられる。あるいは、社会的決定の問題として扱われる。すなわち、胎児はいつから人間とみなされるか、その判断は誰がするのか、誰がその責任を負うのかなどである。ここには個人の権利と国家の関係が見え隠れする。ここでは外的規範・社会的合意の問題はひとまずおいて、倫理的な思考

図4－1　中絶をめぐる四つの立場

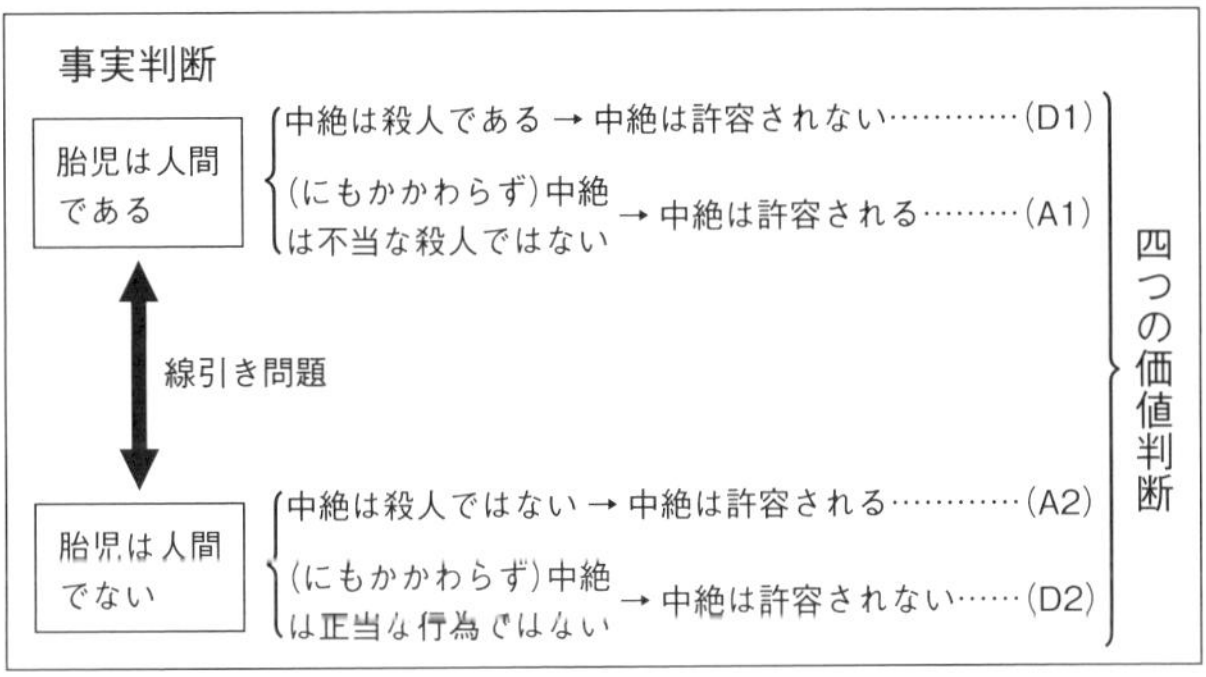
事実判断
胎児は人間である
中絶は殺人である → 中絶は許容されない…………(D1)
(にもかかわらず)中絶は不当な殺人ではない → 中絶は許容される………(A1)
線引き問題
胎児は人間でない
中絶は殺人ではない → 中絶は許容される…………(A2)
(にもかかわらず)中絶は正当な行為ではない → 中絶は許容されない……(D2)
四つの価値判断

レベルで見てみよう。

中絶問題においては胎児の資格（criteria of moral status）がひとつのポイントになる。(5) つまり、胎児が人間であるか人間でないかという事実判断と、胎児を「殺す」ことが許容されるか否かの価値判断が柱となる。この二つが交錯しているポイントをまず整理してみよう（図4－1参照）。

殺人が許容されないという大原則を認めれば、この組み合わせでバイオエシックスにおける人工妊娠中絶問題に対するさまざまな立場を整理することができると思う（A1、A2、D1、D2がそれぞれの立場を表わす）。この問題は大きく分けて、胎児の存在論的身分の問題をめぐるアプローチの仕方と胎児とその関係者の権利の問題をめぐるアプローチの仕方とに分けられるだろう。

（1）第一のアプローチは胎児は人間か否かの決定に主眼をおくもの、つまり胎児の存在論的身分にかかわる。これは保守派の議論とリベラル派の議論に代表される。これが両極端の主張になる。周知のように、保守派の極端な例は伝統的キリスト教（とりわけ、ローマン・カトリック）の中絶に対する立場である。受精の瞬間（conception）に完全な権利を備えた人間が誕生すると考えるこの立場は事実から論理的に中絶禁止という判断を導き出す。また、ヌーナンによれば、道徳的判断は恣意的区別ではなく、現実の確率的な相違を根拠としなければならない。連続的生命の成長過程で、受胎の瞬間こそがその相違を示す点である。受胎の瞬間に生命は遺伝情報を獲得するが、これこそが生命の生物学的性格を決定する。人間の遺伝情報をもつ生命が人間なのである。この事実に基づいて道徳的判断を下すべきだとヌーナンは言う(6)。

この立場の論理構造は、以下のごとくである。

人間の生命を奪ってはならない。（大前提）
胎児は人間である。（小前提）
ゆえに胎児の生命を奪ってはならない（中絶してはならない）。（結論）

この立場では事実判断と価値判断が即座に結びつく（D1）。シンガーが指摘するように、連続性をもつ受精卵と子どもとの間に道徳的に意味のある一線を画する境界線を引くことは難しい。「そのような境界線が存在しないなら、われわれは胚（earliest embryo）の地位を子どもと同じ地位にまで高めるか、あるいは、子どもの地位を胚と同じ地位にまで引き下げなければならない。しかし、子どもが親の要求次第で処分されることを容認したいと思う人はいない。したがって保持しうる唯一の立場は、われわれが子どもに与えている保護を胎児（fetus）にも与えることである」[7]。保守派によれば、このように人間の成長過程の連続性を根拠にいかなる中絶も正当化されない[8]。

これに対して、人間の成長過程に境界線が引けるというのがリベラル派の主張である。一般的には、出生（birth）の時点をもって人間となるとされるが、他にも子宮外での生存可能性（viability）、胎動初感（quickening）などが候補として挙げられよう。しかし、結局は境界とされる生物学的な特徴の選択の恣意性は免れえず、事実問題は「胎児が人格であるか否か」という道徳的次元の問題へと変容させられた。この中絶擁護派の極端な例はリベラル派のパーソン論であろう。生物学的人間（human being）とパーソン（person）という二つの基準を用いることによって、胎児の生存権を剥奪したトゥーリーの議論は斯界に衝撃を与えた。

トゥーリーによれば、「われわれが、その生存権を認めるべき存在者」がパーソンであり、生物学的人間だからといって、自動的に生存権が与えられるわけではないとされる。トゥーリーによれば、生物学的な人間と道徳的主体としてのパーソンは区別されねばならない。「Xはパーソンである」という命題は「Xは生きる重大な道徳的権利をもつ」と同じ意味になる。生物学的人間に生きる権利を認めてしまえば、生命の連続性を根拠に胎児はおろか受精卵までもが生きる権利をもつことになる。境界線問題を回避し、なおかつ人工妊娠中絶を正当化するためには生物学的人間とは別の基準が必要となる。それがパーソンである。パーソンについては次のように言われる。「ある有機体は、諸経験とその他の心的状態の持続的主体としての自己の概念をもち、自分自身がそのような持続的存在者であると信じているときに限り、生存する重大な権利をもつ」[9]。これは「自己意識要件」(self-consciousness requirement)と呼ばれ、持続的主体としての自己意識をもつかどうかがパーソンか否かの分かれ目になる。もちろん、胎児もそれに属する可能的なパーソンは排除されている。これを認めることは保守派の論理に巻き込まれることになるからである。このパーソン論は多くのバリエーションや亜流を生んだが、基本的には同じ枠組みである[10]。論理構造は以下のごとくである。

パーソンは生きる重大な権利をもっている。(大前提)

胎児はパーソンではない。(小前提)

ゆえに胎児は生きる重大な権利をもっていない(中絶してよい)。(結論)

この立場も同じく事実判断から論理的に価値判断を導出している[11](A2)。これら極論は、ある意味でわかりやすい。もちろん、すぐに困難は生じるが、それは後回しにして、他の立場を瞥見しよう。

(2)どんな場合でも、事実問題と価値判断が即座に結びつくわけではない。事実から論理的に出てくる当為を否定する立場（Ａ１）（Ｄ２）が存在するからである。つまり、「胎児は人間である、にもかかわらず中絶は許容される」あるいは「胎児は人間ではない、にもかかわらず中絶は許容されない」という主張である。これを第二のアプローチとしよう。これらは、胎児が人間であるか否かが確定されたとしても、別の観点から道徳的判断を導き出すことができるとするものである。つまり、権利の葛藤、あるいは衝突という観点で問題を見るアプローチである。

Ａ１はいわゆる中間派の立場を表わしている。これは中絶問題を胎児と母親の権利の葛藤として理解する立場である。積極的な発言者としてはトムソンを挙げることができると思うが、彼女は胎児が人間であると仮定した上で、中絶が許容される場合を論証する。論拠は、母親の自己防衛権・自己決定権の主張である。生命に危機のある母親の生存権と胎児の生存権は対等な二者間の対立ではなく、ここには権利の非対称性が存している。女性という生命体に胎児という生命体が同居する。胎児は母体なしに生きられないが、母体である女性は胎児なしでも生きられる。それどころか、胎児はその存在によって母体を脅かす側に位置づけられる。ゆえに、自己防衛権を行使する母親の生存権に優先権を認めなければならないという主張になる。

さらに、母体の生命に危険がある場合だけでなく、レイプなどによる妊娠の場合の中絶も許容しうるとする。有名な例を挙げておこう。

ある朝、貴方が目を覚ますと、ベッドの上で意識不明のヴァイオリニストと背中どうしがつながっていた。彼は有名なヴァイオリニストで、致命的な腎臓病であることが判明したため、音楽愛好者協会は入手しうるあらゆる医療上の記録を調べあげ、あなただけがそのヴァイオリニストを救うのにちょうど適合した血液型の持ち主であることを突き止めた。そこで、彼らは貴方を誘拐して、昨夜ヴァイオリニストの循環器系統を貴方の循環器系統につないで、貴方の腎臓が貴方と彼の両方の血液から毒素を除去できるようにしたのである。

このとき循環パイプを抜いたらヴァイオリニストは死んでしまうので九か月だけ我慢してくださいと医師に言われたら、貴方はどうすべきかという問いかけである。トムソンは我慢する道徳的義務はないという立場をとる。[12] ヴァイオリニスト＝胎児であり、貴方＝母親を意味するこの例は中絶問題を胎児の生存権と母親の自己決定権の衝突と理解し、貴方は自分の体を使わせない権利（自己決定権）を優先させることができるという議論である。

トムソンはこのことを聖書のエピソード（「ルカ」10:30-35）の「よきサマリア人と最低限に常識的なサマリア人」の区別を用いて説明している。よきサマリア人の行為は称讃に値するが、その行為を道徳的には強制しえない。よきサマリア人であるかは自己決定に基づくものだからである。道徳的に要求しうるのはせいぜい最低限に常識的なサマリア人であることだ。中絶禁止はよきサマリア人であることを女性に強制するに等しいのだとされる[13]。ただ、これは胎児を体内に抱え続ける義務がないということを示すことで、胎児の殺人問題をずらしているようにも思われる。

（3）さて、D2の立場は、胎児は人間でないとしても、その生命を奪うことをよしとしない、生命一般の尊重を説く立場と言えよう。「生命はどのような場合にでも尊重される」という生命の尊厳・不可侵説がその代表である。例えば、一九八〇年代に登場したディープ・エコロジーからこの立場を見ることができよう。これは人間と自然、あるいは人間と生命の関係のあり方そのものの見直しをはかろうとするものである。すべての生命体はおのおのが自己実現するための平等な権利をもっている。この権利を重視するのが生命中心的平等主義である。生命の環境は全体としてバランスを保ったシステムを形成しており、その中でそれぞれの生命体である「個体」はそれ固有の価値をもつ。ここでは、人間の生存権と自然の生存権との衝突あるいは葛藤が生起する。そして、人間の生存権よりも自然の生存権を優先する道を取る[14]。

ディープ・エコロジー的観点そのものは人工妊娠中絶問題に直接かかわるわけではないが、すべてつながりあった生命の領域の中で他の生命を傷つけることは自分自身を傷つけることになるという論点はリンクするであろう。

このように、バイオエシックスにおける人工妊娠中絶問題を整理すると、胎児が人間か否かという事実問題、すなわちある種の人間の定義にかかわる問題と権利の衝突あるいは葛藤の問題とが、事実と価値の関係をめぐって錯綜していることがわかる。次にこのようなアプローチがすべてアポリアに陥ることを見てみよう。

†三つのアプローチ、三つのアポリア

一般的に言って、「人間の生命を奪ってはならない」という大前提を背景にして、かけがえのない生命である胎児を人工的に殺すことは許されないという原則を基本的にわれわれは受け入れている。しかし、例外的なケースがあり、その場合の中絶の是非を考えるというのがこの問題の現状であろう。例えば、母胎の生命の維持や重度障害児の出産防止などのケースである。リベラル派といえども、無制限の中絶に賛成しているわけではない。それゆえ、個別的なケースに当てはめて考えた方がよいのかもしれない。

しかし、「かけがえのない生命」というポイントがバイオエシックスの議論で十分に踏まえられているのだろうか。大前提はどれぐらいの効力をもっているのか。D2の立場はこの大前提を全面に出していると思われるが、この立場での人工妊娠中絶に関する主張はあまり聞かない。もちろん、この議論が自家撞着に陥るのは明白である。生は必然的に他の犠牲の上に成立することを否定できないからである。(15) D2は自動的にアポリアに陥る。とはいえ、このことは後で改めて見ることにしよう。さしあたり、先に見た二つのアプローチがともにアポリアに陥ることを示そう。

（1）第一のアプローチは、人間の定義に関するものであった。身体的連続性をもつ胎児が成長の過程のどの時点で生存権を獲得するのか、つまりいつ道徳的地位をもつ人間と認められるのかが論点であった。受精の瞬間、脳形成時、心臓機能発生時、出産の瞬間などさまざまな時点が候補に挙げられた。とはいえ、どこで線引きをするかは恣意性を免れない。保守派のように、受精の瞬間が人間誕生の瞬間であるという宗教的立場を、遺伝情報の獲得という生物学的特徴付けを背景に主張することは一見正論のようにも思われる。しかし、生物学的には受精＝ヒト発生論は根拠のないものと言わざるをえない。そして通常言われるほど、胎児は母体から独立しているわけではなく、母体の生命が断たれれば胎児の生命を救うことは妊娠七か月ぐらいまでは現在のところ不可能である(16)。ここから母体の権利優先の根拠も生じる。それゆえ、生物学的人間概念をもって基準にはできないとして、新たにパーソンという基準が導入されたのである。

しかし、この議論も結局アポリアに陥る。生物学的に人間だからといって、ただちに生きる権利があるとする立場は「種差別主義」（speciesism）であり、たまたま人間という種に属しているだけで、他の生物種より優先される根拠はないとして、新たな境界線引きを正当化する論理はなるほど一理ある。シンガーは次のように提案する。

理性、自己意識、感知、感覚能力などの点で「人間以外の生命と」同じレベルにあるならば、胎児の生命に人間以外の生命と同じだけの価値しか認めないようにしよう。

どんな胎児も人格的存在ではないのだから、胎児には人格的存在と同じだけの生きる資格はないのである。[17] しかし、パーソン基準を導入したことによって「種差別主義」から脱却できるのだろうか。新たな序列を再生産しているだけではないだろうか。パーソンと生存権はただちに結びつくのか。トゥーリーは論証をしているようで、「Xはパーソンである」＝「Xは生きる重大な道徳的権利をもつ」というトートロジーを断言しているにすぎないのではないだろうか。事実に定位して境界線を引く困難を回避するために道徳的概念で人工妊娠中絶問題に一石を投じたパーソン論は一定評価されてよいが、パーソンを非常に限定された形での自己意識的知性的存在者としたことには排除の論理が潜んでいることも否めない。そして、胎児は生存権をもっていないという事実から胎児を殺すことの正当化がただちに帰結するわけではないのである。[18] さらに、パーソン論は人間に対するわれわれの暗黙の理解を述べているにすぎないと言えるかもしれない。[19] かくして、Ｄ１、Ａ２はアポリアに陥る。

（２）第二のアプローチは権利の問題に関してであった。トムソンによれば、母体は母親自身のものであり、胎児に母体の使用権を与えるのは母親の自発的同意であり、中絶するか否かは女性自身が決定することができるとされる。これはいわゆる女性の「自己決定権」優先の主張であった。ここでは第三者や社会による強制は許されない。この意味で女性の権利を自由主義的に提起した功績は大きいと言える。なぜなら、産むか産まないかを決めるのは女性の権利であり、生命再生産にかかわる女性の主体性の取り返しに寄与するからである。子どもをもつことは選択的行為なのである。

しかし、母体の所有による自己決定権は万能なのだろうか。母親が自己の身体の所有者であるからといって胎児の「殺人」を正当化できるのであろうか。さらに、この自己決定権は無制限に主張しうるのだろうか。母体は私的所有権の対象なのか。そもそも胎児の生存権と女性の身体に関する自己決定権の衝突として立てられた問題である。トムソンの例は自己決定権の絶対化につながらないだろうか。結局、権利問題の枠組みでは、どちらの権利も絶対視される可能性を否定できず、A1はアポリアに陥らざるを得ないのではないか。

シンガーは「この議論の背後にある特定の権利論が正しければこの議論も正しく、その権利論が正しくなければこの議論も正しくない」と指摘して、トムソンの主張に次のように反論している。

ここでは、功利主義者なら、この種の権利論を退けるとともに、例のバイオリニストの場合に関するトムソンの判断をも退けるだろう、ということに注意してもらえれば十分である。功利主義者なら、私が誘拐されたことにどれだけ腹を立てようと、私からバイオリニストを切り離した結果が、全体として、また影響を受けるすべての人々の利益を勘定に入れた上で、私がバイオリニストにつながれたままであるよりも悪いものであるならば、私はつながれたままであるべきだ、と主張するだろう。[20]

この反論は第三のアプローチにつながる。

（3）「人間の生命を奪ってはならない」という原則と「人間は自分の身体に関して自分で決めることができる」という原則が対立した場合、人間の定義や権利論ではもはや解決ができない。この対立はアポリアに陥る。[21] こうして第一、第二アポリアを回避するための第三のアプローチとしては、批判的思考による、原則と原則、権利と権利の対立の解決が挙げられる。代表者はヘアーである。ヘアーは道徳的思考を、個々のケースに適用可能な道徳原理を直観的に把握する思考である直観レベル（intuitive lebel）と、直観レベルで発生する原理の衝突を高次の立場から吟味する批判レベル（critical lebel）との二層に区別し、選好をその基礎におく功利主義の立場から問題解決を図ろうとする。簡単に言えば、批判レベルの原則として関係者の選好充足を最大化するようなコースを取ることが普遍化のコースを取ることになるというものである。[22]

人工妊娠中絶問題に関して言えば、「胎児の生存権」と「女性の自己の身体を自由にする権利」（自己決定権）が衝突する場合、関係者の利益、全体の幸福を比較考量することによって解決することになる。まずもって「胎児を殺すべきでない理由」は胎児のもつ潜在性（potentiality）である。しかし、関係者全体の利益から見る限り中絶は可能になる。与えられた状況の中で、関係者全体の利益を大きくするように、「今の子を産むか」「次の子を産むか」という選択肢がある場合、「今の胎児の将来の利益を含めた関係者の利益」と「次の子の将来の利益を含めた関係者の利益」を公平に比較考量した上で、中絶するか否かを決定することができるからである。[23] これが第三の道である。しかし、批判的思考によって人工妊娠中絶問題のアポリアは回避されるのだろうか。ヘアーの選好功利主義では胎児はあくまで取り替えのきくものとして位置づけられていることは注目に値する。

一見、第三のアプローチは事実問題と権利問題という二つのアポリアを克服しているように思われるが、胎児を、以下で述べるように、「特殊者」として捉えている限りでの解決方法であると思われる。この立場から「かけがえのない生命」という観点は基礎づけられない。[24] しかし、実はこれは以上の三つのアプローチ共通の背景になっていると考えられる。そして、このことが実は一番問題であるように思われるのである。これを次に見てみよう。

3　個体と特殊者という観点

†所有という観点

人工妊娠中絶問題を新たな枠組みで考えるために、まず所有という観点から今までの議論を総括してみよう。

まず、生命（胎児）を個人の所有物として捉えるのか、社会の所有物として捉えるのかが問題である。もし、生命が社会の所有物であるならば、社会の役に立たないような存在が再生産されることは望ましいことではないかもしれない。それゆえ、不必要な胎児は中絶されたほうがよいのかもしれない。しかし、生命が個人の所有物であるならば、この問題に対して社会が口を出す筋合いではない。たとえ役に立たない生命といえども、私的な問題になる。これはいわゆる自由主義的観点と共同体主義的観点の対立であろう。

簡単に言えば、共同体主義的観点とは個人に先行する共同体を重視して、歴史的に形成されてきた共同体の伝統や慣行の中でのみ、個人は道徳的存在者としての使命を全うできるという見方であろう。自由主義的観点とは他者に危害を与えない限り、自己決定権を行使しうるという見方であろう。前者では全体の利益に反する行為は許されない。関係者全体（これを共同体と同等に考えるならば）の利益を大きくすることが問題解決ならば、個人の自由は制限されざるをえない。全体の利益を考慮する選好功利主義はこちらに属するのではないか。後者は自分のことを自分で決める個人の所有の立場である。ここでは問題は個人の利益である。場合によっては、関係者全体の利益という大義名分でなされる社会的強制に反することもありえよう。枠組みは次のようになるだろう。

生命＝社会の所有物　→　共同体主義的観点……第三アプローチ

生命＝個人の所有物　→　自由主義的観点………第二アプローチ

第二アプローチで見たトムソンは自由主義的観点を取り、第三アプローチで見たヘアーは共同体主義的観点を取ると仮定して、とりあえずこのように位置づけてみよう。

†個体と特殊者という観点

次にこの枠組みを、何度も利用している「個体と特殊者」の概念を使って再定式化したい。まず、個体と特殊者の区別について簡単におさらいしておこう。まず特殊者だが、これは「特殊者－一般者」の系列で考えられる存在者だった。特殊者にはあるタイプをもつ一般者が先行している。そして、特殊者は代替可能な存在者を示している。これはさまざまに記述される存在者である。それゆえ、さまざまな性質や利害関係をともなう。それに対して個体は一般者の先行を受けない唯一者を示していて、かけがえのないものとして位置づけられた。これは決して記述の束に還元できないものである。それゆえ、性質や利害関係を記述しえない。そもそも記述による他との比較を拒否する存在者なのである。

この区別を胎児に当てはめてみれば、従来のアプローチは全般的に胎児を特殊者として扱っていることがわかる。「いつ人間になるのか」「どんな権利をもつのか」「どんな利害をもつのか」など性質

図4－2　胎児の捉え方と中絶への態度

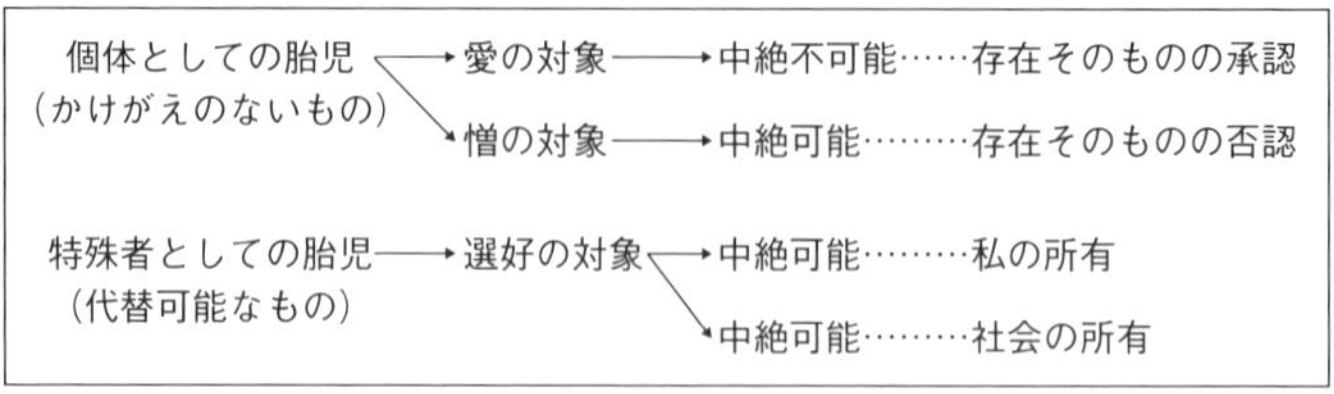

や利害関係の記述によって比較対照できるものは特殊者なのである。それゆえ、中絶問題はリプレイスの問題へと陥りやすい。問題は殺すことの是非というよりも置換可能性なのである。置換可能性は「人の生命を奪ってはならない」という大前提に抵触しないという意識を背景にしやすい傾向にあるように思われる。つまり、生命を奪うのではなく、取り替えると考えるのである。それに対して愛憎の対象になる唯一者である胎児は個体であろう。ここでは、むしろ存在の肯定（あるいは否定）がポイントとなる。中絶問題にこの区別を新たな観点として導入してみる。図4－2のように整理してみよう。

　この場合、人間の定義や権利論などが基準ではなく、胎児を個体として捉えるか、特殊者として捉えるかがポイントである。この観点の違いが中絶への態度決定に大きな影響をもたらすのではないだろうか[25]。特殊者として捉えられた胎児は選好の対象である。選好とは、選択肢間の比較において例えばaよりもbを好むということを示し、願望と選択をともに表わす概念である。そして、特殊者として捉えられた胎児は社会の所有物としては、関係者全体の利益によって中絶の是非が問われる。それゆえ、自分の意志に反して中絶させられることもありうる。個人の所有物としては、自己決定権の対象になる。[26] それゆえ、自分の意志に反して産まされることはない。もちろん、社会の強制に抗してその生存権を保証することもできるが、あくまで特殊者としての身分をもつものである。これらは選好を基礎としているのである。必要/不必要という区別もここから生じると言えよう。

他方、個体としての胎児の承認は胎児の存在そのものの肯定へとつながり、私の所有物としての胎児から解放される。そして、取り替えがきかないから中絶しえないのである（これは生命のいずれの段階であるかにかかわらない。強くいえば、生命であるかどうかも問題にならない。この意味では個体尊重は生命尊重主義とも言えない）。内部化されているとしても、個体としての胎児はもはや所有物ではない。とはいえ、これは必ずしも中絶反対の立場の表明ではない。なぜなら、胎児を憎しみの対象として捉えれば、中絶することも可能だからである。ここでは個体という存在者の端的な否定が問題になる。置換ではなく、存在抹消の次元である。バイオエシックスは胎児一般についての議論をしているので、当然特殊者としての胎児が問題になる。バイオエシックスの議論においては個体との出会いは問題にはならないのである。しかし、個人的事件としての妊娠に関しては個体としての胎児が問題になるべきではないのだろうか。もちろん、これはあくまで観点の問題である。

† 新たな選択の枠組み

中絶の倫理的正当化の文脈では、人間の定義、権利などの概念装置が必要である。しかし、中絶問題に個体と特殊者の区別を導入した場合、「中絶は道徳的に許されるか」という命題を普遍化することはできない。もしこの道徳判断が普遍化可能だとすれば、個別的事例についてなされた道徳判断が同じような特徴をもつすべての事例に渡って適用可能な判断であるという含意をもたねばならない。利益の普遍主義ではそれも可能だと思われるが、もともと個人的事件としての出産の、それも例外に対する判断である中絶に関して普遍的な判断が可能であるとは思えない。個体として胎児を見ることは、むしろこの問題の普遍化に逆行する。[27] しかし、個体把握の観点を抜きにして中絶問題を考察することはアポリアから抜け出すことを不可能にするのではないか。結局は胎児が社会の所有か個人の所有かという枠組み、すなわち自由主義的観点か共同体主義的観点かという枠組みの中で、胎児を特殊者として見る選択肢と、胎児を個体として見る選択肢とがあるだけなのではないだろうか。性質や利益から見る権利体系の選択か、新たな選択の視点としての個体－特殊者の選択かということである。少なくとも現実にわれわれが取っている胎児との関わりの中にこのことが反映しているのではないだろうか。そして、こういった枠組みはテクノロジーの進歩に決して左右されるわけではない本質的なものであろう。

人工妊娠中絶問題の三つのアポリアを回避するためには、胎児が個人の所有か社会の所有かという選択の枠組みの中に個体－特殊者という概念を導入し、所有と存在の問題として新たに選択の枠組みを捉え直すことが必要なのではないだろうか。そして、少なくとも個体との出会いという存在充実経験はわれわれにとって本質的なものとして現われていることを問題にすべきではないだろうか。そして、倫理学が可能性の中の選択の幅を決めるシステムであり、その中で最善を選ぶ方法論だとしても、それに寄与できるのではないだろうか。しかし、この思考レベルでの枠組みを実際の実践的問題に照らし合わせてみることが必要である。

ここでは、中絶一般のレベルで考察したが、実践的には例えば出生前診断・選択的中絶といった問題をどう解釈するかが問われている。これは「遺伝子操作惑星」が提起したもう一つの論点である「所有と存在」の問題にかかわるので、次章でさらに考えてみよう。

第5章　医の倫理

1　医療倫理の葛藤

†生の選択と生の価値

本章では、第4章のエピソードで残されたもう一つの論点に焦点を合わせてみよう。それは、人間の自由の問題が生の選択に存しているということである。そして、自分の生を生きるということを「所有と存在」の問題として改めて考えることである。

その前に、今ひとつ興味深い『新スタートレック』のエピソードを紹介しておこう。

二〇〇九年七月、臓器移植法改正案が成立し、脳死患者をはじめとした人の生死に関わる問題が倫理的論議を巻き起こしているが、「神経医療エキスパート　ドクター・ラッセル」（原題は "Ethics"）というエピソードは、文字通りこのような医療倫理の問題に真っ向から取り組んだ意欲作である。「人の命を守る」という使命感に燃えた優秀な医者二人の保守主義と進歩主義との確執による葛藤《かっとう》が本作品のテーマである。そして、安楽死、クローン技術、臓器移植などがエピソードに盛り込まれている。

あらすじを見てみよう。

ある事故にまき込まれ、脊髄に損傷を受けて、背中から下が麻痺してしまったクリンゴン人士官のウォーフは、クリンゴンの伝統に従って死を選ぶか、成功する保証の無い外科手術をうけるかの選択を迫られる（クリンゴン人とは、名誉を何よりも重んずる武士のような存在である）。

ウォーフを見舞ったライカー副長は患者の口から驚くべきことを聞く。自分の怪我の治療法が無いと船医ビバリーに言われたので、クリンゴンの伝統にしたがって死を選ぶと。そして、彼はライカーに自分が死ぬのを手伝って欲しいというのだ。クリンゴン人にとって動けなくなるのは死と同じだから、死ななければならない。もし、なんの手だても無ければライカーはウォーフの親友として彼を殺さねばならないことになってしまった。

一方、エンタープライズ号を訪れた脳神経外科のスペシャリストであるラッセル医師はビバリーにウォーフの脊髄を交換する危険な手術を行なうよう進言する。ビバリーとラッセルは治療に対してのディスカッションをするが、ラッセルの最新の技術であるジェネトロニクス組織復活方法（ウォーフの背骨ごと脊髄を摘出し、遺伝情報に基づき新しい脊髄を体内で急速に成長させる）はまだ人体に対しては実施例がない、ましてや相手は地球人とは異なるクリンゴン人である。ビバリーはウォーフを実験台にしかねない治療に対し躊躇する。もし成功すれば、人類の医学に対する大きな進歩になるのだが。ビバリーは彼の意見に納得せず、二人の医者は激しく対立する。

結局手術は行なわれ、ウォーフは生き延びるわけだが、この医療の葛藤というエピソードから何が読み取れるだろうか。まるで、森鴎外の『高瀬舟』のようなエピソードだが、医の倫理という枠組みの中で、「生の選択」と「生の価値」の関係が問われているということがもっとも大きなポイントではないだろうか。あるいは、完全＝必要と不完全＝不必要という図式の典型例の提示であろうか。

†社会全体の幸福のための中絶

さて、前章で扱った人工妊娠中絶問題一般から特殊な問題（障害をもつ胎児の中絶）へと目を向けてみよう。「すべての人間は幸福になる権利がある」というテーゼを否定する者はおそらく誰もいないだろう。日本国憲法においても第一三条で「すべての国民は、個人として尊重される。生命、自由及び幸福追求に対する国民の権利については、公共の福祉に反しない限り、立法その他の国政の上で、最大の尊重を必要とする」とはっきり謳われている。

では、それが社会の幸福を増進させることと連関した場合はどうなるだろうか。例えば、胎児診断によっていわゆる望まれない子どもを中絶し、そのことが社会の幸福を増進させるという考え方は十分ありうるだろう。人工妊娠中絶は人工的に胎児を殺すことであり、原則的には許されないことであるとしても、重度障害新生児の出産を防ぐという理由でなされるという場合があろう。それは、ただ社会全体の幸福の増進という錦の御旗のもとで許されるという考え方であるが、現実に生じている。

この場合は障害者＝不幸な者という前提があり、産まれてくる子どもも母親を含めた周囲の人間も不幸になるということが含意されている。現実に「障害児は不幸な存在である」ということが、一般化し、母親が、「なぜ、この子を生んだのだろう」、「いっそこの子と一緒に死のう」などと切実に悩むような悲劇が起こることすらままあるのである。人工妊娠中絶の本質的な問題の一つはこの前提にあると思われる。ここでは、障害児は不幸な存在であり、周りも不幸にするような価値の低い存在として捉えられてしまっている。

逆説的だが、この価値観が現実的には、障害者福祉の感覚的な基盤として働き、障害者保護として機能する社会制度を作り出すことも否めない(1)。

†シンガーの主張

さて、このような考え方のバックには人間や動物に対する行為の善悪をそれが受ける快苦の多少から評価するという功利主義的見方があると思われる。ピーター・シンガーがその見方の代表だが、彼の考えを見てみると、「全関係者の利益に対する平等な配慮」（利益の普遍化）の原理を武器に現実的な課題に取り組むということが基本にある。功利主義の対象である福利は快であり苦痛の欠如である。そして、快苦を感じる能力をもつあらゆる生物が、その本来の構成メンバーであるとされる。彼は利益の核心を快苦を感じる能力に求め、功利主義的平等原理の適用範囲を人間以外の動物にまで広げ動物の解放をも主張する。彼によれば、私的利益は私的であるというだけの理由でほかの利益より重視されてはならず、自分だけでなく関係者全員の利益を同等なものとして考慮に入れねばならず、比較考量の結果（公平な観点から）、それらの利益の総和が最大になるように選ぶことが要求される。その際、皮膚の色や性別、理性、意思伝達能力は、不平等の扱いの正当化に関してなんら本質的な関連がないことになる。ここから差別の問題の解決の糸口を見つける。

権利に関しても、権利は存在者の間の事実的な平等ではなく、道徳的平等に基づくとされる。つまり、人間もほかの動物も苦痛を感じる能力がある以上、両者とも等しく認められる「利益」があるということをもって動物の解放を主張するのだ。換言すれば、利害をもつすべての存在者の利害を配慮し、どの存在者の利害もほかの存在者の同様な利害と等しく扱うべきだということを意味している。(2)

そして、そのために人間の側の利他主義を要求する。その結果、極端な場合には、人間の小さい利益より動物の大きい利益を優先させることにもなる。また、「種差別主義」（speciesism）批判として、「自分自身が属する生物種のメンバーの利益に有利であるが、ほかの生物種のメンバーの利益には不利であるような偏見あるいは偏向的態度」を問題にし、人間（ホモサピエンス）という種をほかの種より優先するのは、白人など特定の人種を黒人などの人種から区別するのと同型であるという主張をする。つまり、動物にも人間と同じ生存権を与えるのである。その結果、チンパンジーの方が胎児より価値的に上位にきて、利益が配慮されるべき存在だということすら帰結する。そして、人格的存在者の利益のために、障害をもつとわかっている胎児の中絶はおろか、重度障害新生児の安楽死さえ認められることにもなる。

このような功利主義的見方が、人工妊娠中絶の一つの意味を形成していると思われる。基準と権利の問題は利益の観点からの生物の新たなカテゴリー化（無感覚生命、感覚的生命、人格的生命）によって語られている。

もちろん、生命の価値と利益の大きさの対応関係からここで早急に人工妊娠中絶問題についての答えを出そうというのではない。むしろ、この問題を考える考え方、あるいは問いの立て方を検討することこそが重要なのではないだろうか。そのためには、もう少し人工妊娠中絶の問題点を見てみよう。

†体外受精と胎児の資源利用あるいは必要/不必要概念

前章の遺伝子操作惑星という発想に危惧を感じる理由の一つとして中絶の絶対的正当化が挙げられる。何世代かかけて劣性遺伝を淘汰し、障害者を生み出さなくするために生の操作がなされる場合、過渡的には中絶は不可避である。そのようにして最終的に完全な世界を形成することになる。

　さて、現在の中絶をめぐる問題はたくさんあるが、その中でも極端な事態を想定してみよう。体外受精の問題はその一例になろう。

　医療技術が発達して遺伝子解析が進めば、将来的には遺伝子に起因する病気がどんどん解明されるであろうことは疑いえない（例えば、現在でもアルツハイマー型痴呆が十四番目の染色体の遺伝子に関係することがわかっている）。そして、その結果体外受精で多くの受精卵を作っておき、それらを検査して、一番問題のないものを選択して妊娠させるというようなことが可能になるだろう。(3) ここには遺伝子治療と人間改造の問題が潜んでいる。そして、これらの生殖テクノロジーがどんどん進化して、生殖への技術的介入が先鋭化するとどうなるのだろうか。

　未来小説だが、一九三二年にすでにハックスリーが『すばらしい新世界』で描いた社会が想起される。彼はボカノフスキー法というやり方で処理された卵について、常態の一卵から一胎児ではなく、増殖させ、分裂させることを考える。「八乃至九十六の芽を出し、一つの芽が生長して完全な形をした胎児となり、おのおのの胎児がみな一人前の成人となる。以前にはたった一人しか生まれなかった場合に、九十六人も生み出すわけだ。まさに進歩というべきだ」(4)。この世界では人間が体内生殖から解放されており、培養瓶の中で自由に人間を生み出す技術が描かれている。皆が幸福になるために社会の安定を第一義にしているので、必要な人間を計画経済的にどんどん生産する。社会的安定のために生産される人間は階級が各自定められ、それぞれの階級に適応できる素質をもっており、その環境にいっさい反抗しない。一人は社会のために、社会は一人のために存在する、いわゆる「全体主義的国家」が穏やかに運営されているのだ。遺伝子の問題こそ扱われていないが、人間改造と社会幸福の問題をまさに言い当てていると思われる。

これは極端な話かもしれないが、現在では生殖技術の進歩による医学研究は胚や胎児の研究へと確実に進んでいる。まず体外受精の際の余剰胚（つまり余った受精卵）を廃棄せずに科学の進歩のために実験対象にするという機運が生み出されている（日本では受精後十四日以内なら研究材料にしてよい）。

それから、人工妊娠中絶を受けた胎児の資源利用という問題がある。通常の胎児は法律の保護を受けており、もちろん実験材料などに使用されない。しかし、流産や中絶で死亡した胎児、あるいは生育が不可能な胎児は医学の貢献等に資するとして利用される場合がある。死亡した胎児は一般的に実験対象として認める方向にある。さらに、中絶を受けた胎児で、生存可能性は望み薄だが、生命は保っている場合、生体実験の対象あるいは臓器提供源として利用しようという動きもある。生まれたばかりの無脳症児を全脳死まで人工呼吸させ、脳死にいたらしめ、臓器を摘出するという考えである。羊水診断などの出生前診断で無脳症が判明した場合、中絶を行なわず、提供させるということで臓器を確保することが可能になるし、体外受精によって催奇性物質を投与し、代理母を使って無脳症児を提供源とすれば、常時臓器が確保できる。実験材料として胎児を利用する際の歯止めがなくなれば、このように際限のない資源が保証されることになる。不必要な人間が必要とされるというパラドクシカルな事態が生じている。生殖技術の発展が両刃の剣であるということだけは確認しておかなければならない。

ここで、必要／不必要という概念がクローズアップされてきた。これを分ける基準は一体何だろうか。（ここではさしあたり医学の発展に役に立つかどうかであるが）さて、今度はもう少し視野を広げて、いわゆる生命倫理そのものが立っている地平を考察してみよう。

2　生命倫理と能力主義

†制度の問題と能力主義

前節では人工妊娠中絶の背景に潜む意味を考察したが、いかに医学が進んだにせよ、実際は女性にとって中絶は生命の危険がともなうことは否定できない。喜んでというよりも、やむをえず選択することが多いのが実状であろう。「安易な妊娠」はあっても、「安易な中絶」は考えにくいのも事実である。なぜなら、妊娠中期を過ぎた中絶は母親の心身ともに大変傷つけるということがあるからである。このように中絶が女性にとってぎりぎりの選択であるということがまずもってなかなか議論に入ってこない。この種の議論には女性の人格の尊重という観点が希薄であるように思われる。これに対して生命倫理のように外部から道徳的善悪の判定をするのはいかなる意味をもつのだろうか。

もちろん、生命倫理の議論が臨床の場面で問題化されてきたという経緯から、医療技術的な話題が多くなるということは致し方ないとしても、基本的には政治・法律的次元に問題が限定されているということには注意すべきであろう。つまり、基本的には制度の問題として考えられるということである。

もちろん、中絶を認めるならば、何らか制度的に基準を設けねばならない。それは必要不可欠のことであろう。このことは、脳死であれ、安楽死であれ、生命倫理の諸問題に皆等しく言えることである。基準作りは大変重要なことであると思われる。

しかし、問題はこれらの事象について、結局能力主義が中心論点であるということである。つまり、社会で生きるに値する人間のランク付けが、何らかの仕方で行なわれているということである。

例えば、エンゲルハートの「最小限の社会的相互作用への参加能力」（社会的意味での人格）というランク付けがあるが、彼にとってこれがぎりぎり人間と認定されるラインである。(5) この考えからはみ出るような存在、すなわち胎児は物件とされてしまう。これはある意味で生命の物象化であり、社会への参加能力の欠如が「人間」の生存権の有無を基礎づけていることになっている。あるいは、世界のトップクラスの頭脳のもち主の精子を知能の高い女性に人工受精して優秀な子孫を作ろうというジーン・バンクの発想も能力主義の顕著な例であろう。アメリカではとくに高額の医療負担ということもあるが、優生学的発想が中絶問題に影響を与えている。しかし、能力主義で、人工妊娠中絶問題を中心とする生命倫理の諸問題を考えて本当によいのだろうか。

能力主義が「悪」であるかについては異論もあろうが、これにはある種の危険性があるのは確かである。つまり「生存権の能力主義」ということにつながりかねない。もちろん、能力のない者は「生きるに値しない」というナチスの安楽死思想に一足飛びに結びつくはずもないが、能力主義にはある種の危険性がつきまとうのも事実であろう。

†望ましくない生とは何か

むしろ、われわれは中絶せざるをえない社会や文化の枠組みの中で問題を考えねばならない。生命倫理が技術的、あるいは能力主義的に設定された基準という物差しで外部から判断しているということを逆から考えると、われわれが真に望む世界に対して生命倫理は関心をもたないのではないかとの疑念が生じる。それこそ「ためにする」議論、諸事象の正当化の論理に関心をもつだけではないだろうか。それに適合する世界が「望まれる世界」なのである。ここに生命倫理の本質がある。それゆえに、われわれは生命倫理が問題にしていない、望ましい社会と望ましい生（命）を考えることを課題としなければならない。

望ましくない生（いかなる意味にせよ）を取り除くことが望ましい社会を構成することになるとは限らない。それは生命倫理によって「望まれる社会」であるかもしれないが。しかし、真の意味での望ましい社会を考えることなどできるのだろうか。また望ましい生とは具体的に何なのかを言うことができるのだろうか。これはきわめて困難なことだといわざるをえない。

少なくとも言えることは、先に見たように障害者＝不幸な者、つきつめれば「障害があるよりもない方がよい」という前提に立てば、シンガーの主張のように、障害新生児が安楽死させられることすら正当化されるということである。それは、望ましくない生とされるものの根拠が、やはり先に見たように、障害をよくないものとする価値観だからである。そして、このことこそが「殺すことの正当化」という生命倫理の本質を支えているのではないだろうか。障害があるよりもない方がよいということはある意味で能力主義の表現であり、シンガーの生命の新しいカテゴリーが新たな種中心主義に陥っているのと同様に、彼は能力主義にも陥っているのではないか。この意味で偏向した能力主義が生命倫理を支えているのである。必要／不必要が能力主義的な基準で決定されるということが「望ましくない生」の意味であろう。

しかし、よく考えてみれば、そもそも能力主義から脱却することなど可能なのだろうか。例えば、一般的な意味で障害者は健常者よりも能力的に劣っているということは、肉体の完全性という観点で言いうるかもしれないが、障害者も精神の次元で固有の力を発揮するので、その固有の価値を認めなさいと言った場合、新たに能力主義を導入しているようにも思われる。これは障害者の中に新たな序列を作ることにもなりかねない。

そこで、次のように考えてみよう。社会に不必要だという観点で能力主義（A）を語る場合と、その生固有の価値を認める「能力主義」（B）は次元が違うのであると。それは、抽象的には「殺すこと」に重きを置くか、「生かすこと」に重きを置くかの違いともいえる。いずれにしろ、能力主義という枠組みからは離脱できないとしても前者（A）の意味は障害をよくないものと考える基盤になる能力主義である。そして、後者（B）は「障害はあってもいい」と考える基盤になる「能力主義」である。

†社会制度と生き方

別言すれば、社会制度の問題と人間の生き方の問題を別様に考えることが重要であるということである。社会に必要か不必要かを語る能力主義（A）とは社会制度上の能力主義であり、生固有の価値を認める「能力主義」（B）とは一人の人間の生き方にかかわる視点で捉えられたものである。このことは混同されてはならないのではないだろうか。このことをおなじみの「個体と特殊者」のスキームを使って再度確認しておこう。

個体としての生固有の価値は「かけがえのない生」として捉えられるものである。また、社会システムの中で特殊者として扱われる生の価値は「置換可能な生」として考えられるものである。

中絶の問題と先のウォーフの例を比較して考えてみよう。

まず、ウォーフの場合だが、彼は脊髄に損傷を受けた自分（不完全な生）を不必要な生＝望ましくない生として位置づけ、全面否定した。これは個体レベルでの判断であり、自分の「かけがえのない生」を不必要なものとして位置づけた。取り換えることができないゆえに、全面否定した。しかし、そのときの（内的）基準が、「必要＝完全　不必要＝不完全」であったことが問題である。これは、障害＝よくないものという価値観に由来する。これは能力主義（A）に基づく完全性への志向から帰結する。しかし、本当は個体としてかけがえのない世界を生きる者は、他と比べてよい／わるいなどと記述できるものではないはずであり、存在の全面否定（つまり、「私」の否定、オリジナルの抹消）はありうるが、彼は後述する所有のレベルにあくまで位置していると言える。それゆえ、能力主義（A）に基づいて判断したと言えよう（いささか嫌な言い方だが、「この子がダメなら、次の子を」というような判断）。

他方、中絶は特殊者レベルでの判断であり、全面否定ではなく、置換がポイントである（第4章3参照）。それは、コピーの地平での判断である。そのときの基準も「必要＝完全　不必要＝不完全」であった。これも能力主義（A）に基づく完全性への志向から帰結する。

このように本当は構造が違うものを混同した、つまりウォーフの場合は「能力主義」（B）の問題を能力主義（A）と混同したところに不幸があったと思う。端的にかけがえのない「私」は取り換えがきかない、つまりは置換できないにもかかわらず、置換のレベルで自己否定をしてしまっているということなのだ。ここではウォーフは個体であり、中絶される胎児は特殊者として前提されているのである。

いずれにしても、能力主義（A）に基づく完全性への志向から脱却することが、望ましい社会を考えることになるのではないだろうか。このことを次節で改めて考察してみよう。

3　能力主義に基づく完全性への志向からの脱却

†所有と存在モデル

第2章で私（人格）と所有の関係の問題を個体と特殊者のスキームを使って考えてみた。

ここでは、生命倫理にとって無関心な、われわれにとって真に望ましい社会（それが何であるかは別にして）を考えるための材料として、「所有と存在」という別のモデルを使って考察してみよう。所有と存在という概念装置がこの場合ふさわしいかどうかは問題なのだが、フロムが「所有」と「存在」は人間が生きる上での基本様式だと指摘したことは、生を存在として捉える視点を与えてくれたという点で意味があるように思われる。彼は所有——「もつ」ということを財、知、権力の所有と考え、技術の進んだ社会において「もつ」は自明的なものになってしまったとする。そして、これは生を抑圧するあり方だと考える。いきいきとした関係を物象化してしまうあり方であるとも言えよう。それに対して、存在――「ある」こそが能力の能動的発揮であり、生きようとする力、生の疎外を克服できるあり方だとする。このあり方が望ましい生であり、望ましい社会の原動力である。この基本モデルを用いて生命倫理において所有と存在がぶつかる場面を考えてみよう。(6) このモデルは遺伝子操作惑星への道を進む傾向の歯止めとして働くかもしれない。

基本的な問いは「私は私の生を所有しているのか」である。人工妊娠中絶の文脈でいえば、私は私の生を所有している、そして私の生の一部としての胎児の所有権は私に属する。ゆえに、私はその所有物＝胎児の処分権を行使（中絶）しうる。このように所有モデルでもって人工妊娠中絶は母胎の所有権に基づく自己決定権の行使であると主張することができるように思われる。それは生命再生産の自由の問題でもある。

さて、これは真の自由を表わしているのか。確かに自分で自分の生を選んでいるように見える。自分の体は自分のものだからどう使おうが自由であると言われればそれまでのように思える。

では、ここでこのモデルを先鋭化してみよう。生の所有を極限化すれば、妊娠を外部化することになる。所有の極端なモデルとして沼正三の『家畜人ヤプー』の例が秀逸なので、そこから引用してみよう。

地球紀元で換算すると二三世紀中葉のことだが、ある畜人飼育所で胎盤移植に成功した。妊娠初期の胎児を雌ヤプーの子宮から別の雌ヤプーの子宮に移して発育出産させたのである。後者は単に母体的環境条件として影響するだけで、生まれてくる仔は、全く前者の遺伝因子を備えているのは当然のことであった。これが郭公手術法の名を得た所以である。これは、間もなく人間の女性に応用されるに至った。受胎に気づいたら、胎児を胎盤諸共に子宮から取り外して適当な雌ヤプーの子宮に植えれば、以後、出産までの母体の苦労を味あわずに自分の子が得られるのである。有史以来最大の女性の福音と喜ばれたのも無理はない。そして、事実、二七世紀初頭に起こった女権革命への物質的基礎を形造ったのは、この手術法のおかげで女性が、妊娠・出産という生理的宿命を払いのけてしまったことだったのである(7)。

いささかグロテスクな描写であるが、妊娠からの解放ということを女性の自由の獲得ということで言い表わしている。つまり自分の腹を痛めずに子を生む、いわゆる代理母(借り腹)の問題であり、現在の生命倫理でも盛んに話題になることを極限化しただけなのである。しかし、一体誰がこんなことを望むのか。陣痛をさけるために自分の身体の一部を部品のように分離するなんて。『家畜人ヤプー』のモデルは技術に支配される人間疎外の世界を如実に表現しているのではないだろうか。ここで自由を享受している実感が生まれるだろうか（もちろんヤプーは家畜だが、人間の女性ですら）。あるいは前述のハックスリーの『すばらしい新世界』が描いた未来社会のように、体内生殖から解放され、培養瓶の中で人間製造を行なう技術が開発され（これは一種のクローニングであろう）、社会の安定のために、個人の意志とは無関係に各自割り当てられた階級に適応していく計画経済的に必要な人口調節をしている場面を考えてみても、これが理想的な社会と思う者はいないだろう。自由などなく、自分で自分の生を生きていないことは明白であろう。これも生の所有というあり方を表現している。中絶の問題を考える際に何もこんなに極端なことに考えなくてもいいではないかと思われるかもしれないが、所有ということを突き詰めればこのような疎外状況を想定することも不可能ではないのである。

誤解のないようにしたいのは、われわれの主張は生の所有モデル批判ということで中絶を全面的に禁止せよということではない。もちろん中絶がやむをえない場合があり、完全に否定することはできない。また、女性の産む・産まない自由を尊重することに吝かでもない。例えば先天性無脳症児の場合はどうするかという問題は深刻である。その胎児を再利用することはしないとしても、出産後すぐに死んでしまう胎児を母体の危険を冒してまで産むということに意味があるのだろうかと考えてしまう。その意味で、線引きは不可避であるとは思う。強姦での妊娠、母体の生命の危機などやむをえない中絶は認めざるをえないのではないか。オール・オア・ナッシングというわけにはやはりいかない。

しかし問題は「殺すことの正当化」ではなく、「生かすこと」の視点が切り捨てられてはならないということだと思う（もちろん生命の尊重をうたう中絶反対派に精神病患者の中絶を反対しない欺瞞的な者もいることを考えれば、「生かすこと」の意味内容は吟味されねばならないだろう）。端的に言えば、「産みたい社会」をこそ問題にすべきではないかということなのである。そのことが生の所有を越えることであると言いたいのである。それは生の存在の次元で考えることなのである。そして、その次元は遺伝子操作惑星では決してないということが言いたいのである。強調しておきたいのは、遺伝子操作惑星への道に歯止めをかける視点をもつことが同時に能力主義に基づく完全性への志向から脱却することになるということである。

✝生命の物象化から共生の倫理へ

生命の物象化ということで、さらに広げて考えれば、デパートでの昆虫売場に「カブト虫が壊れちゃったので修理してください」と訪れてくる子どもの例が挙げられよう(8)。カブト虫を修理可能な動く玩具として認識してしまうある種の生き物感覚の喪失がそこに現われている。生き物を物として扱うことが人工妊娠中絶の問題とストレートにつながるかどうかは別にして象徴的なことであると思われる。下手をすると人間自身の生き物性の喪失にもつながりかねない。例えば、テレビゲーム世代の子どもがいじめなどで人を死に追いやることに平気であるのも疎外形態として挙げることができよう。

これも生の所有モデルの一例にはなるだろう。

中絶の問題に戻れば、例えば、先に挙げた胎児の資源利用という問題がある。人が「人」を利用することのような医療資源の利用や実験はいくら医学の発展のためとはいえ人体実験への序章と言えなくもない。あるいは、取り替え可能なパーツとして胎児の臓器を認識することなどこれらは明らかに技術による人間疎外であるし、やはり生命の物象化の極限であろう。

さしあたり社会文化の問題として考えれば、実は、前章の遺伝子操作惑星の例は、能力のない者（発揮すべき場所をもたない者）は排除される世界であり、社会、文化などの制度によって規定された（押しつけられた）自己決定権は強制された自由であるということを意味しているように思われる。それは真の意味で自由な世界ではない。この世界では障害をもって生まれる子どもを必要のないものとして考える価値観が背景にはっきり存している。この世界では少なくとも「生かすこと」の視点はまったく捨象されていると言わざるをえない。別の意味で、必要な人間は最大限生かされることはいうまでもない。このような線引きをする遺伝子操作惑星を生の所有モデルを実現した社会と考えられる（能力主義（A）の世界）。先に言及した「産みたい社会」ではないことが自己決定権を規定しているということでは本当の意味での自由を言い当てていない。実はこの惑星ではいきいきとした生が営まれていないのである。

今まで見てきたように、「殺すことの正当化」から「生かすことへ」と視点を変えるためには、生の所有という在り方から生の存在という在り方への変容が必要ではないだろうか。それは、換言すれば、遺伝子操作惑星への道に歯止めをかけることなのである。

技術に裏打ちされた、生の所有という物象化を克服すること、それは生の存在を存在として許容することである。（つまり生を生かす、あるいは自分の生を生きる）これが望ましいあり方であると思われる。そして、共生をも可能にするのではないかと考えられる。例えば、障害者などが自己の生命が抹殺されたかもしれないと感じることがないように生きることができる。それぞれが社会から排除されずに能力を発揮できる。あるいはポジションをもちうる（「能力主義」（B）の世界）。しかし、遺伝子操作惑星のオルタナティヴを示すことは残念ながらできない。どういう社会が生の存在のモデルになるかは問いの内にある。

しかし、次のような考え、すなわち現時点での障害者との共生は不可欠であり、もちろん決して彼らを抹殺すべきではないが（保護されるべき対象として存在するといえばよいのか）、将来的な展望に立てば障害者のまったくいない社会を望むことはよいではないかという考えも確かにありうるようにも思われる。このことに少しふれておこう。

†能力主義（A）の世界から「能力主義」（B）の世界へ

現在、障害者が存在する限りにおいて、彼らが差別されることなく、健常者と共に生きるための最大限努力がなされることは必要である。これを否定するものは、ごくわずかなものを除いていないだろう。そのために、社会は財政を割くことも必要であろう。しかし、もっと医療技術が発達して、遺伝病は駆逐され、直らない障害は存在しなくなる未来の世界像を描いてみればどうであろうか。その場合、そちらの方がよりよいではないかと思われるかもしれない。治療という観点で見れば、直るものは直す方がよいに決まっているではないかと言われそうである。現在は存在するもの（障害者）との共生をはかり、将来は障害に苦しむものがいない社会を作ろう。正論のようにも思われる。

しかし、この考えの背景には障害をもつことはよくないという考えは依然残っていると思われる。つまり障害があるよりないほうがよいという価値観が払拭されているわけでは決してない。それは現在でも未来でも同じなのではないだろうか。この考えをもつことは遺伝子操作惑星への道を進むことにほかならないのではないだろうか（能力主義（A）の世界）。

しかし、まったく障害者のいない社会とは何を意味するのだろうか（やっぱり遺伝子操作惑星しか思い浮かばない）。どんな社会になっても突然事故で障害をもつという可能性がある限り、障害者は存在するのであり、共に生きる視点を失うべきではないのではないか。その障害も直せる技術があれば問題ないのではと再反論されるかもしれない。しかし、障害は直さなければならないのならば、障害はあってはならないということになる。なぜなら、障害の駆逐を目指しているからである。それゆえ、障害が駆逐されたからといっても、障害は直すべきであるという観点はずっと維持されたままであるのではないか。この観点をもちつつ、現在に場面を戻すと、果たして共生が可能なのだろうか。そこにはやはり負の価値観が現前しているのではないだろうか。

では「障害があるよりないほうがよい」という一見誰もが認めたくなるような価値観がなぜ問題なのだろうか。障害者だって、いますぐ障害が直るのなら直したいと思うだろうとわれわれは考えがちである。現在は確かに障害者にとって過酷な社会状況であるのは認めるとしても、やはり健常者のほうがさまざまな意味で快適ではないかとうっかり思ってしまう。しかし、このこと自体能力主義に基づいた偏見であり、暗黙理に障害者を価値的に低いものと見なしていることになるのではないか。人工妊娠中絶の問題に限定すれば、生きる可能性を能力主義的に摘み取ることはこのような偏見に基づいているとも言える。「障害はあってもよい」と思えるわれわれのあり方が、生の存在を許容する社会を作るのではないか（「能力主義」（B）の世界）。この価値観を維持していなければ、「ぼくは本当は生まれてこなかったかもしれない」という恐怖は払拭されないのではないか。共生の社会で障害者は抹殺の不安に苛まれず、社会から排除されることなくそれぞれの能力を各自発揮しうることができるのは、遺伝子操作惑星への道に歯止めをかける視点をもつことでしかないように思われる。それが自分の生を生きるということに繋がるように思われる。もちろんだからといって、ここで病気一般を直すべきではないということを主張しているのではない。科学の進歩を否定して、昔に戻れといっているのでもない。しかし、「障害がないほうがよい」という価値観に根ざして将来的な遺伝子操作惑星への移行が望ましいことであると考えるわれわれの意識は正しいものなのだろうか。

端的に言えば、障害からの解放が差別からの解放になるのだろうか。あるいは疎外の克服になるのかが疑問なのである。「障害がないほうがよい」という考え（偏見）は、治療という名の下に、遺伝子操作へと進むのではないだろうか。現在の基準を越えて、生殖系列細胞にも手を出し、体質改善あるいはいわゆる人間改造への道を歩むのではないだろうか。胚細胞（生殖細胞）に遺伝子工学の技術が及ぶと、それによってもたらされた遺伝子の変化は永続的に遺伝され、もちろん未来社会に影響を及ぼす。これは遺伝子操作惑星への道の序章ではないか

第6章　死刑の倫理

1　法の正義と死刑問題

†生命倫理としての死刑問題

「殺すことの正当化」が生命倫理の本質的な要素であるとするならば、犯罪人の生命を奪い、その社会的存在を永遠に抹消することが目的である刑罰、すなわち死刑は生命倫理の問題の一つの頂点をなすであろう。あるいは、「死刑問題は人間の生命についてどう考えるかの、つとめて根源的な課題でもある(1)」。

別名「生命刑」（Lebensstrafe）と呼ばれる死刑は国家刑罰としては最高のものである。国家の殺人の正当化の問題については、戦争も算入すべきだという考えもあろう。しかし、死刑と戦争との間には大きな差異がある。戦争は直接的に殺人を目的にしているのではなく、軍事力を用いて政治的利益をうることを目的にする、いわば紛争解決の手段なのである。それゆえ、ここでは扱わない。

国家が死刑を執行する権限については、古くはスコラ哲学者のトマス・アクィナスが肯定している。トマスは乱れた均衡を正常な状態に回復させるための刑罰の応報的性格を認める。トマスは、罪を犯すことで人は理性を失い、神にかたどって作られた人としての尊厳を所有しないとして、極悪な罪を犯す人物は、獰猛な獣よりもさらに邪悪で有害であると主張する。こうした人間は、永久に追放されるべきである。体全体の健康を維持するために病気や感染症に冒された臓器を取り除くように、社会を堕落させたり、社会に悪影響を及ぼしたりする危険な人間や影響力の大きい人間は、死刑に処することで社会全体に危害が及ぶのを防ぐべきだとトマスは考える(2)。これは有害なものの排除による社会秩序(共通善)の維持という、報復論と一般予防論(いわゆる「見せしめ」効果)からの死刑肯定の言説であるといえよう(ここにすでにわれわれの「個体と特殊者」の問題設定が存在するように思われるが、それは後で見よう)。

このような国家の存立と個人の存立が両立しえない場合に執行される死刑、すなわち「殺すことの正当化」がもつ意味を生命倫理というフィールドで考えてみよう。

† エピソード「正義」が提起するもの

さて、死刑をテーマにした『新スタートレック』のエピソード「神からの警告」（原題は「正義」"Justice"である）をさっそく見てみよう。

宇宙暦41255・6、エンタープライズの乗員たちは楽園のようなルビカムⅢ号星で休暇をすごしていた。健康的な住民たちから好意的に迎えられ、風変わりな文化に戸惑いながらも楽しい休暇をすごす上陸班は、彼らの世界にはただ一つしか法律がないことを知る。すなわち、「リーダーが定めた立ち入り禁止地区に一歩でも足を踏み入れた者は有罪、すなわち死刑」というルールである。この惑星では、唯一の法律を破った場合はすべて死刑になるのである。何も知らない上陸班の一人であるウェスリーはうっかりこの法律を破ってしまう。つまり、ウェスリーははずみで立入禁止の場所に入ってしまったのだ。彼は罪を認め、さらに目撃者もいるため、死刑に処されることになった。住民たちはただちに法の執行を迫る。このルールを拒否することは艦隊の第一級優先条項（「宇宙艦隊に所属する宇宙艦とその乗組員は、いかなる社会に対してもその正常な発展への介入を禁止する」という不干渉の原則）を破ることになる。一方、軌道上のエンタープライズの目の前には謎の物体が現われ（住民たちにとっては神であり、彼らを見守っている存在者）、進行中の植民計画を放棄し、この宇宙域を直ちに去るよう警告してきた。

さて、このエピソードはわれわれに何を突きつけているのだろうか。

法の正義の極端なモデル化である本エピソードは、違法行為を極刑で処罰することによって秩序を維持する国家のあり方への問題提起と考えることができる。しかも、神の視点が入っているから、ここでは死刑は絶対的正義である。

†国家と個人の関係

第1章でボーグの世界の構造を見たことを思い出そう。いわばネットワーク内存在であるボーグという意識集合体における関係性とその世界への関わりのモデル化によってわかったことは、ボーグの世界は完全に閉じたシステムであり、外界とはまったく切断されているということであった。実体は一つの意識をもった集合体そのものであり、すべてリンクしている個々のボーグはその一部にすぎない。そして、われわれは意識集合体＝個体、個々のボーグ＝特殊者であると解釈した。また、外界のルールはまったくボーグには関わらないのであり、ネットワーク内のルールがすべてである。さらには、ルールは「他のあらゆる科学技術を吸収し、他の文明と文化を破壊せよ」という至上命令だけであり、外界のルールとは共約不可能である。このようなネットワーク的存在の倫理性が取り出されたのであった。

ルビカムⅢ号星における国家と個人の関係もある意味でこれに似ている。国家そのものは、惑星軌道上の謎の物体＝神が定めたルール「リーダーが定めた立ち入り禁止地区に一歩でも足を踏み入れた者は有罪、すなわち死刑」に従う、ひとつの閉じた共同体であり、それ自体が個体であると考えられる。また、その中の住民一人一人は、そのルールに絶対服従することで安寧をえている諸部分である。その意味で単なる個人ではない。つまり、ボーグのように、社会全体＝個体、住民＝特殊者という関係性をもつとも言えよう。それゆえ、全体の秩序維持のための部分の置換（あるいは、空との置換なので、「排除・取り除き」と言えばよいか）は何ら問題がないことになる。このような関係性において、死刑は無謬性をもって受け入れられることになる（国家＝公共性＞個人）。

あるいは功利主義的に次のようにも考えられるかもしれない。最大幸福が社会の目的であるならば、唯一のルールである死刑は社会の幸福を増大させる善である。つまり、国家の善（この場合、ルールを破らないこと＝社会秩序）の方が個人の善（死刑を受ける苦しみを避けること）よりも大きい場合は、死刑が正当化される。そして、この世界ではつねに死刑が社会の幸福を増大させることになる（国家＝公共性の善＞個人の善）。

このような極端なモデル、すなわち国家と公共性を同一視するようなモデル（あるいは全体主義と功利主義の入り交じったモデル）をわれわれの世界に当てはめることができるのであろうか。現実に目を向け、現在のわれわれの直面する死刑の問題について見てみよう。

2　死刑存置論と死刑廃止論

死刑を刑法上存置すべきか、それとも廃止すべきかに関しては古くから現在に至るまで多くの論者によって議論されている。ここでは代表的な論点と問題点を概観してみよう。(3)

†死刑存置論

死刑存置論の主たる理由は、(1)人を殺したものは殺されるべき、(2)凶悪犯罪の抑止力になる、(3)国民世論の支持がある、(4)被害者感情を斟酌すべしなどであろう。

まず(1)について、人を殺したのだから、殺人者は殺されても仕方がないということは素朴な感情としては理解できないこともないが、論理としてはどのようなものであろうか。(1)には、復讐や見せしめといった応報思想あるいは民族確信、社会秩序の防衛のための社会契約違反といったことが含まれるであろう。

例えば、カントは『人倫の形而上学』の中で、「ひとを殺害したのであれば、死ななければならない。これには正義を満足させるどのような代替物もない。苦痛に満ちていようとも生きていること死とのあいだに同等といえるところはなく、したがって犯人に対し裁判によって執行される死刑以外に、犯罪と報復とが同等になることはない。ただしその死刑は、処刑される人格における人間性に残忍となりかねない方法で行われてはならない[4]」と主張している。そして、カントは後述のベッカリーアのような死刑廃止論を「詭弁であり法の曲解」であると批判している[5]。カントのこの刑罰論は絶対的応報刑論というものである。これは、刑罰とは悪に対する悪反動であり、動と反動とは均衡させなければならず、悪反動の内容は害悪でなければならないという考えである。そのため、殺人行為に対しては死刑という刑罰をもって犯罪を相殺しなければならないというバランス感覚で死刑を理論的に正当化したのである。ここで、人間の尊厳が否定されているわけではないことには注意すべきである。すべての人間には尊厳があるために、死刑が適切である罪に対して死刑を行なうことを避けることは犯罪者の人間の尊厳を否定し、むしろ不平等であるのだ。

また、ルソーの『社会契約論』の第二編第五章「生と死の権利について」の中で「社会契約は、契約当事者の生命の保存を目的とする。目的を欲する者は、また手段をも欲する。そしてこれらの手段は、いくらかの危険、さらには若干の損害と切りはなしえない。他人の犠牲において自分の生命を保存しようとする人は、必要な場合には、また他人のためにその生命を投げ出さねばならない」としたうえで、市民の生命は国家から条件付で与えられたものであると主張している[6]。そして、ルソーは「犯罪人に課せられる死刑もほとんど同じ観点のもとに考察されうる。刺客の犠牲にならないためにこそ、われわれは刺客になった場合には死刑になることを承諾しているのだ[7]」としたうえで、国家の一員である以上は、契約に違反したものは追放もしくは公共の敵として死刑になることで国家から切り離されなければならないと主張した。その一方で「刑罰が多いことは、つねに政府が弱いか、怠けているかのしるしである。なにかのことに役立つようにできないというほどの悪人は、決していない。生かしておくだけでも危険だという人を別とすれば、みせしめのためにしても、殺したりする権利を、誰ももたない」[8]と主張しており、死刑の濫用を戒めている。このことから、ルソーは社会契約の立場から死刑を肯定しているが、これは死刑で犯罪を抑制し、相互の人命を尊重させる社会防衛上の思想であるといえる。ここでも人命尊重は前提である（ほかにも社会契約説から、死刑を合理的なものとして肯定できうるとしている者にトマス・ホッブス、モンテスキューらがいる）。

次に（2）について、生命の保護のためには、生命を奪うような行為にはあらかじめ重い刑罰、つまりは死刑を科することで威嚇し、このような行為を抑止するということであろう。社会の安全のためには、潜在的犯罪者を死刑でもって威嚇することが必要という理屈である。死刑の非回復性という性質こそが、その威嚇力を保証する。これは死刑存廃論の中心的な論点である。

また、（3）の世論の支持だが、二〇〇四年の総理府調査における存置八一・四パーセント（廃止六・〇パーセント）という数値は単純に無視できるものではないということであろう。このような社会状態は国民一般がもつ法的確信や時代精神とも不可分なものであろう。

さらに（4）については、殺人の直接の被害者である、被害者の家族の感情から死刑はやむをえないという意見も根強いことから主張される。これは、(1)の報復感情のカテゴリーに入るべきものとも言えよう。ちなみに、刑罰の機能の中に「気が済む」(カタルシス)という機能が古くから存在し、これにより応報刑を生み出していた。「目には目を、歯には歯を」というタリオ的思想に基づく同害報復のルール(古代モーゼ時代の刑罰制度)はよく知られているところである。そして、現在でも被害者の家族をどのように癒すかは大変重要な問題であり続けている。

†死刑廃止論

死刑廃止論の主たる理由は、(1)人道主義の見地、(2)誤判の可能性がある、(3)国際情勢は廃止の方向である、(4)凶悪犯罪の抑止力にならないなどであろう。

まず(1)について、これは人道上の見地から、残虐かつ野蛮な死刑は抑制すべしという見解である。近代刑法学の始祖であるベッカリーアは『犯罪と刑罰』の中で、「死刑は不合理なものである。個人の処刑は、それが法律によって正当と認められているにしても、暴力的かつ野蛮な行為である。これは、暴力行為に対して同等な行為を、報復するから合法的であるということにおいて不公平を意味している。その処罰は、それが殺人への報復のために行われたとしても、やはり殺人行為であることには変わりがない。死刑は凶暴を抑止しようと企てられた凶暴行為であると構成される」[9]としている。(1)には、宗教的な見地も含まれるであろう。また、人間の尊厳や人命を一般的に尊重する立場も含まれるだろう。さらには、残虐な刑罰は違憲であるという議論も含まれよう（憲法第三六条「公務員による拷問及び残虐な刑罰は、絶対にこれを禁ずる」）。

次に（2）について、死刑は回復不可能性をもつ刑罰ゆえに、誤判が確実に避けられない限り、挽回が不可能な刑であるという欠陥をもつということである。これも死刑存廃論の中心的な論点である。誤判の場合は救済が不可能であり、さらに回復不可能性は犯罪者の矯正をも不可能にしてしまう（特殊予防論＝教育・矯正効果）。ベッカリーアの影響下にある功利主義哲学の代表者ベンサムも「死刑は回復不可能性という刑罰の他の要請に反し、誤判によっていったん執行がされたならば回復することが不可能である」と違法な結果は回復できないとする挽回不可能刑を論じている[10]。

また（3）については、国連のいわゆる「死刑廃止条約」（一九八九年）への多くの国の批准状況や、世界の死刑廃止状況を鑑みても、国際的視野から見ると死刑廃止の方向性が大勢を占めているということである。例えば、アムネスティ・インターナショナルのウェブ上に掲げられた、死刑廃止国と存置国のデータ（ABOLITIONIST AND RETENTIONIST COUNTRIES）を見ると、二〇〇九年現在、法律上、事実上の死刑廃止国の合計は百三十九か国、存置国は五十八か国であり、事実上の廃止国が毎年どんどん増えている実態が分かる[11]。このような死刑廃止の方向の背景には、住民の健康管理・保護・人口調節を行なう国家自身が生命を奪う行為を自己矛盾とする近代の流れ、すなわち身体管理・生命コントロールする権力である「バイオ・ポリティックス」（フーコー）も考えられるかもしれない[12]。

さらに（4）は、存置論の（2）に対する反論である。ベッカリーアは死刑の威嚇力は終身自由刑にも劣るとし、国家が死刑を行なうことは一般国民に残酷な行為の手本を示すことになり、社会的に有害であるとした。また、ベンサムは、死刑を認めるのは犯罪防止が目的であるはずなのに、かえって犯罪を助長する場合があるとする（いわゆる「残忍化効果[13]」）。

†死刑存廃論のジレンマ

死刑存置論、死刑廃止論を簡単に概観してきたが、いずれも一長一短で、問題点がある。「殺すことの正当化」をめぐる賛否では決定的なことは言えないのが現状であろう。

例えば、同じ社会契約論をベースにしても、ルソーは存置派であるのに対して、ベッカリーアは反対派である。人間の尊厳を盾に廃止論を打ち出しても、カントのように人間の尊厳を重視しつつ、応報論的に死刑を肯定する立場もある。また、抑止効果に関する統計的信頼度は、存置派・反対派の双方の意見によってまったく違う。さらには、国際情勢と国内世論には温度差があり、必ずしも双方は一致しない。このように、存置論と廃止論の根拠には決定的なものがないので、この議論は結局のところ、ジレンマに陥ってしまうのである。

では、死刑存廃問題をどのような視点から考えればいいのか。

3　個体と特殊者の地平で死刑問題を考える

†殺すことと生かすこと

本章でのエピソードを死刑存廃論に当てはめてみよう。『スタートレック』のエピソードにおいて、われわれが何かが欠けていると感じるとすれば、それは何だろうか。

ここで、前章で見た「能力主義」を思い出そう。前章では、社会に不必要だという観点で語る能力主義（A）と、その生固有の価値を認める「能力主義」（B）とは次元が違い、抽象的には「殺すこと」に重きを置くか、「生かすこと」に重きを置くかの違いだと主張した。「障害」という文脈では、前者（A）の意味は「障害をよくないもの」と考える基盤になる能力主義であった。そして、後者（B）は「障害はあってもいい」と考える基盤になる「能力主義」であった。能力主義（A）では、「殺すことの正当化」が問題になり、「能力主義」（B）は「生かすこと」こそがポイントであった。「殺すことと生かすこと」、これを死刑問題に当てはめよう。「障害」を「犯罪者」に置き換えて、この図式を考えてみればよい。

能力主義（A）は犯罪者を社会に不必要な存在として、「殺すこと」を可能にする次元である。不必要なものを取り除くことによって社会の秩序を維持する。本章のエピソードは、この次元をまさに動いている。そして、取り除く＝置換という意味で、特殊者の地平に位置するのである。これは死刑存置の立論になる。国家が決めることが公共性を担保し、しかも神の視点が入っているので、これは絶対的正義・善である。しかしながら、これは公共性が国家に簒奪されているような極限状況であることも否定できない。ここでは人間の尊厳は重要ではなく、国家と一体化した公共性の優位がポイントである。これは一般予防の次元でもある。犯罪者は人間ではない＝尊厳を失うという、本章冒頭のトマスの主張はこのレベルにあるとも言えよう。人間を特殊者として捉えることが、このエピソードの中核をなすと考えてもよいと思う。それは「生かす」視点が欠けていることでもある。今風に言うと、「共同体的温情主義が消滅した現在」（宮台真司）は特殊者の地平が幅をきかせているのである。[14]

能力主義（B）は「生かすこと」を可能にする次元である。ベースは人間の尊厳であり、個体性の地平に位置する。これは死刑廃止論へと導く論理にも繋がる。神の視点（絶対的正義・善）がないわれわれの世界において、取り返しのつかないことはやらないのだ。神でない限り、人間は間違う。不可逆性を避け、「生かすこと」に力点を置く立場である。特殊予防、すなわち生きていればやり直しがきくという教育・矯正の次元でもある。

この次元は、生命があってはじめて何とかできるという理念の下、犯罪者が生きながらえて謝罪と贖罪に生きる、また人間として信頼回復する、そして社会に復帰できることを社会自体として対応することにほかならない。[15] 本章のエピソードには、このような「生かすこと」に力点を置くような視点がまったく欠けているのである。

†一般予防と特殊予防

これまで不用意に「一般予防」と「特殊予防」という術語を使ってきたが、ここであらためて法学上の整理してみよう（本章では、若干解釈を入れて使用している）。

刑罰は犯罪を抑止する目的で設置される性格をもつという考え方を目的刑論と呼ぶが、これは一般予防論と特殊予防論に分けることができる。一般予防は大きく分けて「威嚇効果」と「法確信の形成」に分類され、前者の「威嚇効果」は目的刑論・応報刑論の双方から参照・引用されるが、後者の「法確信の形成」は主に応報刑論によって提唱される。いわゆる広義の「見せしめ」効果である。ここでは能力主義（A）「殺すことの正当化」の次元を代表させたい。

特殊予防論は犯罪に無関係な第三者を対象として刑罰の効果を論じる一般予防論に対して、犯罪者の教育・更生・隔離の目的で犯罪者自身に（刑罰という形で）処置を施すことによって、犯罪者が再犯することを予防しうると考える説である。その効果は大きく分けて、犯罪者を教育して二度と犯罪を犯さないようにさせる教育効果と、犯罪傾向が強い者を社会から一定期間隔離して一般社会に悪影響が生じないようにする無力化効果に分類される。いわゆる広義の「教育・矯正」効果である。もちろん、「生かすこと」が前提なので、「能力主義」（B）のレベルと考えよう。

ちなみに、死刑における特殊予防とは、死刑が犯罪者の命を奪う刑罰であるため更生を目的とした教育効果について考えることは死刑の本来的な性質上意味をもたず、一般社会から犯罪者を永久に「隔離」するための無力化効果のみを指すことになる。しかし、これは究極の無力化効果であり、われわれの「能力主義」（B）に含めることはできない。

†共同体主義的観点と自由主義的観点

さて、社会に不必要という観点での能力主義（A）（特殊者の地平）と、その生固有の価値を認める「能力主義」（B）（個体の地平）とを死刑存廃問題とリンクさせてみよう。

その前に生命倫理というフィールドで死刑問題と人工妊娠中絶問題とを並行的に語りうるということを考えるために、第4章の**3**で人工妊娠中絶問題を所有という観点から見たことを思い出そう。

まず、生命（胎児）を個人の所有物として捉えるのか、社会の所有物として捉えるのかをそこで問題にした。生命が社会の所有物であるならば、社会の役に立たないような存在が再生産されることは望ましいことではないかもしれないので、不必要な胎児の中絶の可能性が出る。しかし、生命が個人の所有物であるならば、この問題に対して社会が口を出す筋合いではないので、たとえ役に立たない生命といえども、私的な問題＝自己決定の問題になる。これを自由主義的観点と共同体主義的観点の対立とした。

要諦だけ言えば、共同体主義的観点とは個人に先行する共同体を重視して、歴史的に形成されてきた共同体の伝統や慣行の中でのみ、個人は道徳的存在者としての使命を全うできるという見方であり、自由主義的観点とは他者に危害を与えない限り、自己決定権を行使しうるという見方であった。そして、次のような枠組みを提示した。

生命＝社会の所有物　→　共同体主義的観点
生命＝個人の所有物　→　自由主義的観点

第4章では、所有の観点は、存在の観点と対比するために、特殊者の地平内で考察されたが、死刑の問題においては、必要な変更を加えて、個体の地平における共同体主義的観点と自由主義的観点という対比に限定して流用しよう。そして、その大枠に対置する形で、あらためて特殊者の次元を導入しよう。つまり、個体の次元で共同体主義的観点と自由主義的観点という対立軸を作り、その次元そのものに対立する特殊者の次元をさらに考えることによって、死刑制度の構造を浮き彫りにすることができると考えてみたい。その際、死刑という犯罪者の社会的存在の抹消に関する事象がいわば社会の選択にかかわっており、その意味で先の中絶問題と連続性をもっているということを一応確認しておくだけにとどめたい。

最終的には死刑の必要性・不必要性は、社会の選択に存しているのではないだろうか。その選択のひとつのベースが人間の尊厳なのか、国家＝公共性なのかということである。どちらの立場をとるか、どちらの観点をとるかという問題と、個体と特殊者の次元とを改めて組み合わせて見よう。

†死刑賛成論・反対論の構造

それでは、個体と特殊者のスキームを使って、死刑存廃問題の見取り図を作ってみよう[16]（図6－1参照）。

これまで、個体－特殊者、能力主義（A）－「能力主義」（B）、共同体主義的観点－自由主義的観点、一般予防－特殊予防とたくさんの対立軸を提出してきて、少しばかり複雑になってしまったが、これらを一気に整理してみよう。

やや分類に終始するきらいはあるが、死刑賛成論・反対論の構造を取り出し、本エピソードの位置づけを試みることにする。

この図は、縦軸に個体性の倫理と特殊者の倫理、横軸に国家と個人を取り、死刑存廃をマッピングしたものである。まず、個体性の倫理（第2章の倫理性Aにあたる）は人格の個別性を重要視し、特殊者の倫理（第2章の倫理性Bにあたる）は人格の個別性を重要視しない。また、国家は、人格の観念は社会的なものであると捉え、個人は人格の観念はあくまで個人的なものと捉える。このマッピン

図６－１　死刑存廃問題の見取り図

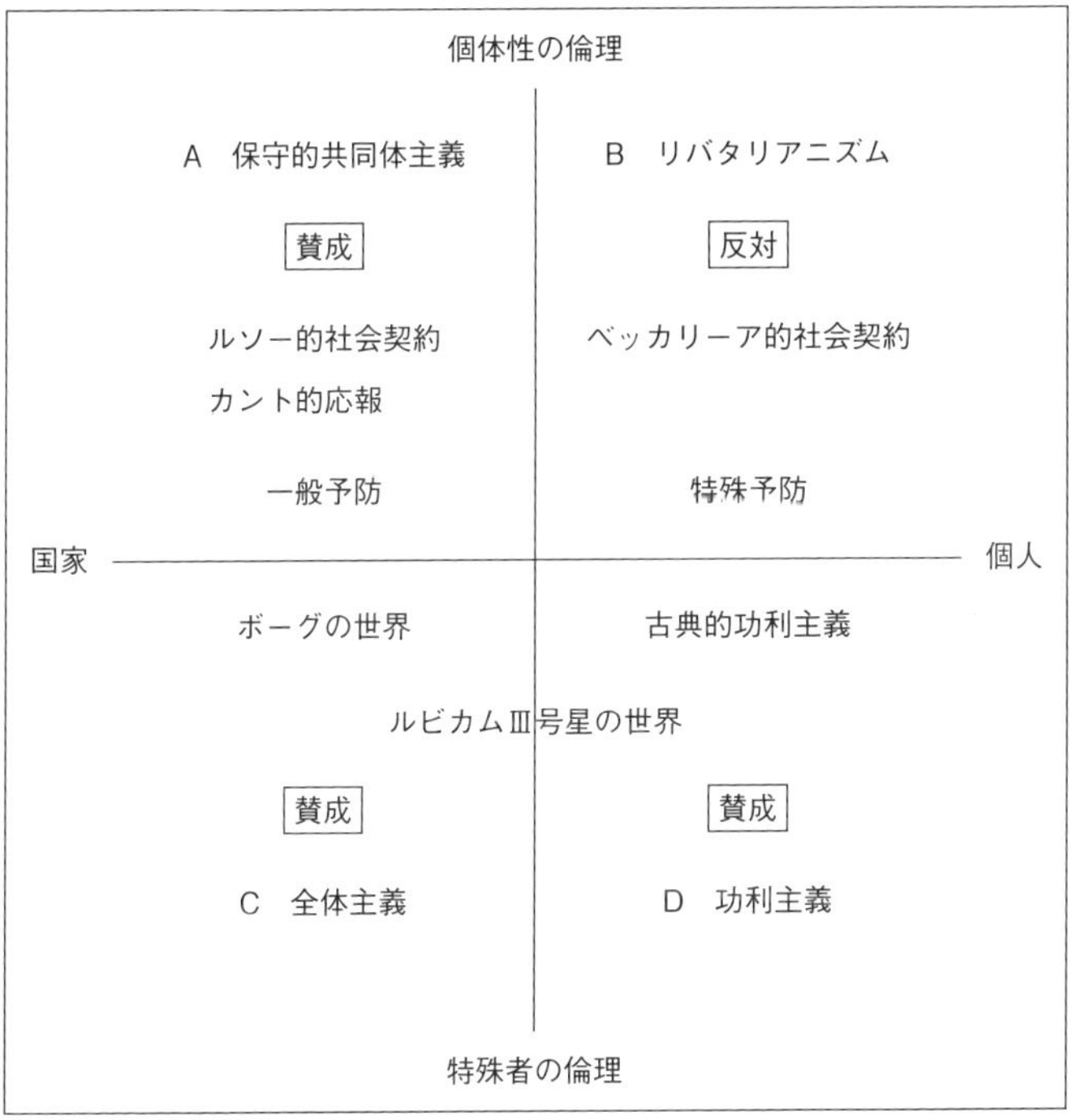

グによって、四つのフィールドができるが、それぞれに死刑存廃の立場を位置づけることができると思う。ＡＢは個体性の地平、ＣＤは特殊者の地平、ＡＣは国家＝公共性の地平、ＢＤは個人の地平である。

Ａ　死刑賛成。保守的共同体主義の世界である。個体性（人間の尊厳）を重視しつつ、国家＝共同体の秩序に反するものは抹殺されることが正当化される立場である。ここでは社会契約に違反するものの死刑や応報的な死刑が容認される。なぜならば、個体間の社会性の優位があり、共同体への義務が重視されるからである（ルソー／カント）。これは一般予防の立場でもある（存在の否定）。

B　死刑反対。自由主義（正確には自由至上主義である。社会・個人に対する国家・政府の介入や関与を否定、あるいは最小限にする主張を行なうリバタリアニズムに対して、自由主義、すなわちリベラリズムはむしろＡＢにまたがったレベルであろう、現在の自由主義においては、政府や地域社会による積極的な介入も必要であるという考えに基づくのだから）の世界である。社会性よりも個体性（人間の尊厳）が重視され、この立場では基本的には死刑は許されない（ベッカリーア）。個人の権利や自由が最大限尊重される立場である（存在の肯定）。これは特殊予防の立場でもある。

C　死刑賛成。特殊者の地平の典型で、全体主義的である。モデルはボーグの世界で、全体と個は切り離せない。そして、個人も存在しないが、不必要なものは置換される。ここでは個人の効用や権利、あるいは自由は認められない（存在の置換）。

Ｄ　死刑賛成。効用の最大化が問題で、人格は重要でないという点で特殊者のレベルである。関係者全体（これは共同体ではない）の利益を大きくすることが問題解決ならば、個人の自由は制限されざるをえない。その意味では死刑賛成であろう（存在の置換）。しかし、死刑反対論者の功利主義者は多いのも事実である。

本章のテーマであるルビカムⅢ号星はどこに位置づけられるのであろうか。おそらくは、ＣＤの間に位置づけられるのではないかと思う。国家＝共同体の優位の中で、住民は個体として位置づけられてはいないが、全体の利益の中で個人の自由は制限されるという立場である。

社会に不必要だという観点で能力主義（Ａ）（特殊者の地平）と、その生固有の価値を認める「能力主義」（Ｂ）（個体の地平）とを区別したが、これをあらためて死刑存廃問題とリンクさせてみると次のようになるであろう。

ＡＢは個体性の地平であったが、「能力主義」（Ｂ）はＢ（個人の地平）のフィールドでのみ可能なのである。そして、特殊者の地平であるＣＤと、国家＝公共性の地平の優位の内で、個体に基づきながら個人を重要視しないＡは、死刑を論理的に可能にする。このように考えれば、Ｂ以外は能力主義（Ａ）のレベルにあるのではないだろうか。

以上見てきたように、死刑は必要なのか否かの問いは、生命をどのように考えるかに関しての社会の選択にかかっているのではないだろうか。どのような社会を選択するかということと社会的存在を抹消するという問題とは切り離せないように思う。『新スタートレック』のエピソードにおける極端なモデルは、あらためて法と倫理の関係の問題をわれわれにつきつけているのである。

註

序章

（1）ソポクレース『アンティゴネー』呉茂一訳〈岩波文庫〉（岩波書店、一九九二年）参照。

（2）ジョン・サール『心・脳・科学』土屋俊訳（岩波書店、一九九三年）参照。

しかし、これは、ミクロに見れば「理解」のないところにも、全体をマクロに見れば「知性」がありうるという解釈可能性を示しているとも言える。例えば、多数の比較的単純な機能を連結していくと最後には意識とか知性とかといわれる能力が創発される可能性があるとするミンスキーの説があり、この説に賛同する学者も多い。マーヴィン・ミンスキー『心の社会』安西祐一郎訳（産業図書、一九九〇年）参照。

（3）H. L. Dreyfus, *What Computer still can't do : A Critique of Artificial Reason*, MIT Press, 1992.（ヒューバート・ドレイファス『コンピュータには何ができないか――哲学的人工知能批判』黒崎政男・村若修訳、産業図書、一九九二年）参照。

（4）ただし、先のニューラルネットはプログラム駆動のコンピュータ（ノイマン型コンピュータ）でBNNをシミュレートしたものであるが、シミュレーションにおいてはノイマン型コンピュータとして機能しているものではないということを補足しておく。

（5）ロジャー・ペンローズ『皇帝の新しい心――コンピュータ・心・物理法則』林一訳（みすず書房、一九九四年）参照。

（6）もちろん、これは時間尺度と空間尺度による。古典力学的尺度では、量子的な揺らぎは問題にならない。

（7）データ少佐には、意識（自己認識能力）と学習能力が設定されているので、データ少佐は人間と同格であるという考え方は否定できない。意識（自己認識能力）と学習能力により、個人や世界の歴史観を獲得し、自らを時間性の中で捉えることができるようになるのだから。

＊なお、序章に関しては、以下の参考文献に多くを負っている。

西垣通『こころの情報学』〈筑摩新書〉（筑摩書房、一九九九年）。

黒崎政男『哲学者はアンドロイドの夢を見たか――人工知能の哲学』（哲学書房、一九八七年）。

――『カオス系の暗礁めぐる哲学の魚』（NTT出版、一九九七年）。

――『哲学者クロサキの憂鬱――となりのアンドロイド』（日本放送出版協会、一九九八年）。

Margaret A. Boden ed., *The Philosophy of Artificial Intelligence*, Oxford University Press, 1990.

『哲学〈AIの哲学　回路・汎智学・脳梁〉』4（哲学書房、一九八八年）。

『現代思想〈特集　ロボット　思考なき知性〉』18－3（青土社、一九九〇年）。

『理想〈特集　生物知能と人工知能〉』第640号（理想社、一九八八年）。

野村政夫氏のサイト「スタートレック科学技術解説」（http://www.m-nomura.com/st/index.html）

第1章

（1）鶴木眞『はじめて学ぶ社会情報論』（三嶺書房、一九九五年）五〇頁。

(2) cf. *STARTREK ENCYCLOPEDIA A reference guide to the future*, Simon&Schuster, 1994, p.33.

(3) 笹沢豊『小説・倫理学講義』〈講談社現代新書〉（講談社、一九九七年）九九頁。cf. F. Nietzsche, *Wille zur Macht*, 488, 489 Kroener Taschenausgabe; Bd.78, 1964, S.340-342.

(4) 矢野直明『インターネット術語集』〈岩波新書〉（岩波書店、二〇〇〇年）三頁以下参照。

(5) 森岡正博『意識通信――ドリーム・ナヴィゲイターの誕生』（筑摩書房、一九九三年）七二頁。

(6) 廣瀬道孝『バーチャルリアリティ』（産業図書、一九九三年）一頁。

(7) 西垣通『聖なるバーチャルリアリティ』（岩波書店、一九九八年）七頁以下。

(8) 細川亮一「個体と特殊者」哲学雑誌『個体の問題』（有斐閣、一九八〇年）所収参照。

(9) M. Heidegger, *Sein und Zeit*, Max Niemeyer, 1984, S. 128.

(10) 和辻哲郎『人間の学としての倫理学』（岩波書店、一九五一年）参照。

(11) 吉岡洋『〈思想〉の現在形――複雑系・電脳空間・アフォーダンス』〈講談社選書メチエ〉（講談社、一九九七年）四九頁。

(12) 吉田純『インターネット空間の社会学』（世界思想社、二〇〇〇年）参照。cf. J. Habermas, *Strukturwandel der Oeffentlichkeit*, Suhrkamp, 1990.

(13) M. Poster, "Cyber Democracy" (http://www.hnet.uci.edu/mposter/writings/democ.html), 1997.

(14) もちろん、ネット上では実名をさらして、さまざまな現実政策を主張するといったことが行なわれていることは承知しているが、それは現実社会のツールとしてネットワークを利用しているにすぎない。

(15) 日本学術振興会「未来開拓学術研究推進事業」「情報倫理の構築」プロジェクト、情報倫理学研究資料

集I、一九九九年、三八一－三八二頁参照。

（16）社団法人私立大学情報教育協会編『情報倫理概論1995年版』参照。cf. http://www.shijokyo.or.jp/LINK/rinri/chap1.htm#chap1-3

（17）Richard J. Severson, *The Principles of Information Ethics*, M. E. Sharpe, 1997, p.17.

（18）RFC1983/FYI18, Internet User's Glossary; cf. Deborah G. Johnson, *Computer Ethics*, 2nd ed., Prentice Hall, 1994, pp.109-110.; Tom Foster and Perry Morrison, *Computer Ethics : Cautionary Tales and Ethical Dilemmas in Computing*, 2nd ed., The MIT Press, 1997, p.78.

（19）http://www.vacia.is.tohoku.ac.jp/jargon/、山根信二・小笹裕昌「ネットワーク社会におけるハッカー文化――真のハッカーがクラッキングをしない理由」『電子情報通信学会技術研究報告』FACE96-21、一九九六年（Online version: http://www.vacia.is.tohoku.ac.jp/~s-yamane/articles/hacker/presentation.html）参照。

ハッカーのストールマンは、一九八五年プログラムの無料配布を開始（フリー・ソフトウェアの誕生）し、「GNU宣言」を発表した。そこでは、「もし好きなプログラムがあれば、それを好きな他の人と共有しなければならない」という黄金律が示されている。

「GNU一般公有使用許諾」の原則

1.複製物を自由に頒布または販売できる。

2.希望すればソース・コードを入手できる。

3.入手したソフトウェアを変更したり新しいフリー・プログラムの一部として使用できる。

4.以上3点についてユーザー自身が知っていなければならない。

引地信之・引地美恵子編著『Think GNU——プロジェクトGNU日記とソフトウェアの憂鬱』（ビレッジセンター出版局、一九九二年）四〇二頁参照。

（20）Eugene H. Spafford, "Are Computer Hacker Break-Ins Ethical?," D.G. Johnson and Helen Nissenbaum ed., *Computers, Ethics & Social Values*, Prentice-Hall, 1995.

（21）江口聡「クラッキングと「ハッカー倫理」」『電子情報通信学会技術研究報告』FACE97-22、一九九八年。
cf. Satoshi EGUCHI, The Unauthorized Access Issue in Japan: Reported at The First International Workshop for Foundations of Information Ethics, Kyoto, March 16, 1999.

（22）Eugene H. Spafford, op. cit., p.126.

（23）Deborah G. Johnson, *Computer Ethics*, 2nd ed., Prentice Hall, 1994, p.112.

（24）Eugene H. Spafford, op. cit. p.128.

（25）もちろん、以下のような過激な考え方もある。"Access to computers - and anything which might teach you about the way the world works - should be unlimited and total." Steven Levy, *HACKERS: Heroes of the Computer Revolution*, Delta Books, 1993, p.40.
以下、江口の批判については註（21）の文献より引用。スパフォードの議論の整理なども氏の論文に負っている。記して感謝したい。

（26）cf.Eugene H. Spafford, op. cit., pp.129-130.

（27）cf.Eugene H. Spafford, op. cit., pp.131-132.

（28）R. Stallman, "Are Computer Property Right Absolute?," Deborah Johnson and Helen Nissenbaum ed., *Computers, Ethics & Social Values*, Prentice-Hall, 1995, p.115.

（29）Eugene H. Spafford, op. cit., p.131.

（30）この例に関しては、以下から借用した。John Weckert and Douglas Adeney, *Computer and Information Ethics*, Greenwood Press, 1997, p.84.

（31）L. Wittgenstein, *Philosophische Untersuchungen*, Suhrkamp, 1984, S. 278.

（32）村井純『インターネット』（岩波書店、一九九五年）一八二頁参照。

（33）「例えば、もしも情報が速やかに周知できない閉じた環境で開発されれば、ソースコードの bug fix や新しい規格の提案や新機能の実装は遅れるだろう。反対に、ネットの情報の共有化が進歩をもたらした例としてLinuxが挙げられる」。山根信二・小笹 裕昌、前掲論文参照。

（34）cf. John Perry Barlow, "A Cyberspace Independence Declaration", 1996. (http://www.eff.org/~barlow)

（35）cf. B. Williams, *Morality*, Cambridge University Press, 1972, p.20.

彼は三つの命題から、この相対主義を定式化する。（1）〈正しい〉は〈ある特定の社会にとって正しい〉を意味する。（2）〈ある特定の社会にとって正しい〉という表現は、機能主義的な意味で理解されるべきである。（3）（従って）ある社会の人々が他の社会の価値を非難したり、これに干渉したりするのは不正である。そして彼はこの見解は一貫性を欠いていると指摘する。なぜなら、（3）の命題において、他の社会のことを扱う上での正しいことと不正なことについて、ある主張をしているが、この主張は（1）では許されていない〈正しい〉の非相対的な意味で使っているからである。

（36）cf. Gilbert Harman, "Moral relativism, defended," in: edited with introductions by Jack W. Meiland and Michael Krausz, *Relativism, cognitive and moral*, University of Notre Dame Press, 1982.

第2章

（1）D. Parfit, *Reasons and Persons*, Oxford:Clarendon Press, 1984, p.202. デレク・パーフィット『理由と人格――非人格性の倫理へ』森村進訳（勁草書房、一九九八年）参照。

（2）John Locke, *An Essay Concerning Human Understanding*: Web edition published by eBooks@Adelaide. 2004 (http://ebooks.adelaide.edu.au/l/locke/john/l81u/B2.27.html). 『人間悟性論』はこの電子テキストを利用した。ジョン・ロック『人間悟性論』加藤卯一郎訳〈岩波文庫〉（岩波書店、一九九三年）三〇九頁参照。

（3）前掲書、三一〇頁参照。

（4）前掲書、三一一頁参照。

（5）吉田民人「資本主義・社会主義パラダイムの終焉――所有論の再建を求めて」（『創造の世界』一九七九年十一月）参照。

（6）John Locke, *Two Treatises of Government*, *a critical edition with introduction and notes by Peter Laslett*, Cambridge University Press, 1967, pp.305-306. ジョン・ロック『統治論』宮川透訳（大槻春彦責任編集『ロック　ヒューム』〈世界の名著〉中央公論社、一九七二年）第5章27節、邦訳二〇八－二〇九頁。

（7）もちろん、このような労働取得説に対して、労働を加え、所有する財の単位の不明確さを批判するノージックのような批判はありうる。R・ノージック『アナーキー・国家・ユートピア』嶋津格訳（木鐸社、一九八九年）二九三－二九四頁参照。

（8）John Locke, op. cit., pp.316-317.（第5章44節、邦訳二二〇頁）。

（9）以下の記述は、D・パーフィット『理由と人格――非人格性の倫理へ』森村進訳（勁草書房、一九九八年）、第10章「われわれは自分自身を何であると信じているのか」（What we believe ourselves to be）参照。

（10）加藤尚武「情報内容と情報媒体」一九九八年（http://www.ethics.bun.kyoto-u.ac.jp/kato/info.html）

（11）この問題の現実世界への応用は第6章で再考する。

第3章

（1）F・マッハルプ『知識産業』高橋達夫・木田宏監訳（産業能率短期大学出版部、一九六九年）、D・ベル『脱工業社会の到来』内田忠夫他訳（ダイヤモンド社、一九七五年）、A・トフラー『第三の波』徳岡孝夫訳（中央公論新社、一九八二年）参照。

（2）C・E・シャノン／W・ヴィーヴァー『コミュニケーションの数学的理論：情報理論の基礎』長谷川淳・井上光洋訳（明治図書出版、一九七七年）（Claude E. Shannon and Warren Weaver, *The mathematical theory of communication*, University of Illinois Press, 1949）参照。

（3）A・M・マクドノウ『情報の経済学と経営システム』松田武彦・横山保監修、長阪精三郎訳（好学社、一九六六年）。

（4）マーシャル・マクルーハン『メディア論――人間の拡張の諸相』栗原裕他訳（みすず書房、一九八七年）。

（5）デイヴィッド・J・チャーマーズ『意識する心』林一訳（白揚社、二〇〇一年）参照。

（6）コミュニケーション不全の時期とコミュニケーション成立の時期を通じて、人間はタマリアン人に対して「何らかの言語をもつ認識体系をもった心ある存在である」と一貫して考えていたのではないかという批判は想定しうる。しかし、「共約不可能」が前提である限り、コミュニケーション不全＝「心」をもたないと言わざるをえない。例えば、われわれが虫に対して、「心」があると考えるだろうか。コミュニケーションが成立すれば、他者として「心」を通わせることもあろうが、「共約不可能性」の中で、虫はわれわれにとっての他者ではない（個体としての関係を構築し、個体として認知することが重要（コミュニケーション可能性と共感可能性）。これはあらゆるものに当てはまるだろう。場合によってはアニミズムにも通ずる）。コミュニケーションの可能性がない限り、タマリアン人は特殊者として非人格にとどまる。

（7）誤解のないように付け加えると、もちろん特殊者間のコミュニケーションが成立していることを排除するものではない。

第4章

（1）ここで「進歩は哲学においては非本質的である」というハイデガーの言葉を思い起こしておきたい（M. Heidegger, *Vom Wesen der Wahrheit* (Gesamtausgabe Bd.34), 1988, S.182）。

（2）cf. *STARTREK ENCYCLOPERDIA A reference guide to the future*, 1994, p.112.
（3）森岡正博『生命学への招待』（勁草書房、一九九八年）一三七頁。
（4）M.A. Warren, "Abortion," P. Singer ed., *A Commpanion to Ethics*., 1991, p.303.
（5）この観点の典型的な例として、"Issue 13. Is Abortion Immoral?", *Taking Sides Clashing Views on Controversial Moral Issue*, The Dashkin Publishing Group, Inc, 1994 参照。同書は胎児の資格という観点から中絶賛成と反対の立場を二つの論文で対立させている。
賛成：D.Marquis, "Why Abortion Is Immoral," *The Journal of Philosophy* (April 1989).
反対：J.English, "Abortion and the Concept of a Person," *Canadian Journal of Philosophy* (October 1975).
もちろんさまざまな観点から人工妊娠中絶問題を見ることが可能である。例えば「暴力」という観点については、森岡正博「暴力としての中絶」（『月刊フォーラム』１９９７年6月号）参照。
（6）cf. J. T. Noonan., "An almost Absolute Value," *Moral Problems in Medicine*, 1983.
（7）P. Singer, *Practical Ethics*, Cambridge University Press, 1994, p.138.
（8）もちろん、法的にも一九七二年のマリー・クレール裁判において、生命の発生は連続的であり、受精や出産を特別視する必要はないと主張されている。
（9）M. Tooley, "Abortion and Infanticide", *Philosophy and Public Affairs*, vol.2, no.1,1972, p.44.
（10）M.A Warren, H.T. Engelhardt, J. Feinbergなどが代表者である。
（11）実際は、トゥーリーは事実問題と道徳的問題を区別していて、胎児が生物学的種の成員であるホモ・サピエンスかどうかが前者で、胎児がパーソンであるかどうかが後者だとしているが、後で見るように構造に違いはないと思われる。

(12) J.J. Thomson, "A Defense of Abortion", Philosophy and Public Affairs, 1971, reprinted in: Rights, Restitution and Risk, pp.2-3.

(13) ibid, p.15.

(14) ディープエコロジーについては『環境思想の系譜3』(東海大学出版会、一九九五年)、第二部「ディープエコロジーと自然観の変革」参照。

(15) 岡本裕一朗「人間中心主義批判は可能か?——環境倫理学の哲学的ディスコース」(『哲学論文集』第三十三輯、一九九七年)一一二頁。

(16) 柴谷篤弘「ヒトの発生の生物学的事実——日本政府への公開質問状」日本家族計画連盟編『悲しみを裁けますか』人間の科学社、一九八三年)参照。

(17) P. Singer, *Practical Ethics*,1994, p.151.

(18) 森岡正博、前掲書、一二六頁以下参照。

(19)「端的にいって、パーソン論は「たんなる生命以上のもの」という、人間に対するわれわれの暗黙の理解を言語化したものだといえる。しかし、それがいったん言語化されることによって定式化され、現実の問題に対処する際に「原理的基準」として適用されるとき、われわれはある種の抵抗を感じる場合がある。われわれは、ある事例においてはパーソン論を拒否しながらも、別の事例においてはそれを暗黙のうちに適用してしまっているということではないだろうか。パーソン論がわれわれにつきつけてくるのは、まさしくこうした矛盾の存在かもしれない。」(水谷雅彦「生命の価値」塚崎智・加茂直樹編『生命倫理学の現

在』（世界思想社、一九八九年）一四二頁。

（20）P. Singer, *Practical Ethics*, 1994, p.148.

（21）このアポリアを如実に表わしたものとして、例えば井上－加藤論争が挙げられよう。胎児の生命権の承認を前提にして、自己決定権と生命権の葛藤を考える井上と、自己決定権と胎児の生命権との葛藤という問題構制そのものを疑い、自己決定権を擁護する加藤の論争は平行線を辿る。井上達夫「人間・生命・倫理」「胎児・女性・リベラリズム――生命倫理の基礎再考」、加藤秀一「女性の自己決定権の擁護――リプロダクティヴ・フリーダムのために」「「女性の自己決定権の擁護」再論」参照（江原由美子編『生殖技術とジェンダー』勁草書房、一九九七年所収）。

この論争を永田えり子は以下のように要約する。「井上は、胎児は人間と同等かそれに近い道徳的位置をもっており、従って権利主体性を認めざるを得ない。一方女性に自己の身体に対する権利もまた認められるべきであり、したがって複数の権利のかっとうとしてこの問題を位置づけなければならないという。加藤は、胎児に人権を認め、かつ女性に中絶を認めることは「殺人の承認」に他ならないと反論する。彼は胎児を人間と考えるべきではないとして女性の自己決定権を擁護する一方で、そもそも従来の法や権利という概念でこの問題を考えることは不適当だと主張する。」（永田えり子『道徳派フェミニスト宣言』勁草書房、一九九七年、三〇六頁）。

生命への権利という観点からの中絶の承認は、マッキー『倫理学――道徳を創造する』加藤尚武監訳（晢書房、一九九〇年）二八五頁以下参照（J.L. Mackie, *Ethics:Inventing Right and Wrong*, Penguin Books, 1977）。

(22) cf. R.M.Hare, *Moral Thinking: It's Levels, Methods and Point*, Oxford Univ Press, 1981.
(ヘアー『道徳的に考えること —— レベル・方法・要点』内井惣七・山内友三郎監訳、勁草書房、一九九四年)。
(23) cf. R.M.Hare, "A Kantian Approach to Abortion", *Essay on Bioethics*, Oxford:Clarendon Press, 1993.
(24) ヘアーはこれは直観レベルのことにすぎないと言うかもしれない。しかし、存在の固有性は基礎づけられないのではないか。
(25) 例えば、飯田亘之は以下のように主張する。「身ごもった胎児への期待や配慮や悩みや悲しみ、そこで開示される胎児と共にある自己の生存の意味の場に、それとは無関係なもの、つまり具体的に受けとめられた生存の意味や自由な主体の具体的選択内容にとって直接的に無関係な、外的生存の権利などという法的概念をふりかざしたのは、そもそも間違いだったのである。」(飯田亘之『生命技術と倫理』市井社、一九九四年、一三二頁)。
(26) 私的所有と自己決定の関係は、立岩真也『私的所有論』(勁草書房、一九九八年)に詳論されている。
(27) 個体把握は特定のものの性質や利益を特別視・例外視するのではなく、度外視するのである。

第5章

(1)「障害は個性である」というテーゼがある。これは障害をポジティブに捉える発想である。一人の人間の生き方の問題として、価値を認める重要なテーゼになりうる。他方、「障害は是正されるべき機会の不平等である」というテーゼにおいては、この問題は社会制度の問題になる。ここには障害者＝不幸な者という前提があるゆえに、その保護へとつながるのも事実であろう。

(2) シンガー『実践の倫理』山内友三郎・塚崎智監訳（昭和堂、一九九九年）参照

(3) 森岡正博『生命観を問いなおす』（筑摩書房、一九九四年）第一章参照。

(4) ハックスリー『すばらしい新世界』松村達雄訳〈講談社文庫〉（講談社、一九七四年）一〇頁。

(5) エンゲルハート他編、加藤尚武・飯田亘之編『バイオエシックスの基礎』（東海大学出版会、一九八八年）二七頁。

(6) フロム『生きるということ』佐野哲郎訳（紀伊国屋書店、一九七七年）参照。

(7) 沼正三『家畜人ヤプー』〈角川文庫〉（角川書店、一九七二年）二五五頁。

(8) 内山節『自然と労働』（農文協、一九八六年）一五頁。

第6章

(1) 菊田幸一『死刑問題の基礎知識』（明石書店、二〇〇四年）一二六頁。

(2) トマス・アクィナス『神学大全』第二巻第二部第六十四問参照。

(3) 死刑存廃論の概括に際しては、以下の文献に多くを負っている。斎藤静敬『新版　死刑再考論　第二版』（成文堂、一九九九年）、三原憲三『死刑存廃論の系譜　第四版』（成文堂、二〇〇一年）、山口意友『平等主義は正義にあらず』（葦書房、一九九八年）。

(4) I. Kant, *Metaphysik der Sitten*, S.333, Kants Werke Band VI, Walter de Gruyter, 1968.

(5) ibid.,S.335. 邦訳は、カント全集11『人倫の形而上学』（岩波書店、二〇〇二年）を参照した。

(6) ルソー『社会契約論』桑原武夫・前川貞次郎訳〈岩波文庫〉（岩波書店、一九八三年）五四頁。

(7) 前掲書、五四頁。

(8) 前掲書、五六頁。

(9) ベッカリーア『犯罪と刑罰』風早八十二・風早二葉訳〈岩波文庫〉（岩波書店、一九五九年）参照。

(10) J. Bentham, "Principles of Penal Law", John Bowring ed., *The Works of Jeremy Bentham* (vol. 1), England; Thoemmes Press, 1995, p.447.

(11) cf. http://www.amnesty.org/en/death-penalty/abolitionist-and-retentionist-countries

(12) 例えば、フーコーの『監獄の誕生』田村俶訳（新潮社、一九七七年）、『性の歴史　第1巻』渡辺守章訳（新潮社、一九八六年）参照。

(13) J. Bentham, op. cit., p.450.

(14) 宮台真司『これが答えだ――新世紀を生きるための100問100答』（飛鳥新社、一九九八年）参照。

(15)『世界〈特集　死刑制度を問う〉』九月号（岩波書店、二〇〇八年）、とりわけ「死刑は社会を野蛮にする」（加賀乙彦と安田好弘の対談）参照。

(16) パーフィット『理由と人格』（勁草書房）における森村進の訳者解説の図（七三四頁）の枠組みを、必要な変更を加えて、利用させていただいた。

入門的読書案内

本書で扱ったような問題を考えるために必要だと思われる入門書を二十点ほど精選してみた（人間理解、情報倫理、生命倫理、『スタートレック』で分類した）。中には、入門書とはとてもいえないようなものも含まれているが、参考にしていただけたら幸いである。

◆人間を理解するために

ヒューバート・L・ドレイファス『コンピュータには何ができないか――哲学的人工知能批判』黒崎政男・村若修訳（産業図書、一九九二年）

伝統的西洋哲学の基礎を批判するという大きな文脈の中で、人工知能の可能性と限界を論究する本書は単なる人工知能批判を越えている。本書の核心は、人間の独自のあり方を射照する試みとして、新たな人間観を提示することにある。

ロジャー・ペンローズ『心は量子で語れるか――21世紀物理の進むべき道をさぐる』中村和幸訳〈講談社ブルーバックス〉（講談社、二〇〇〇年）

現在の量子力学を精密にすることにより、宇宙と量子と人間の心を扱う本書は、人間の思考や意識の特徴を数学的に取り出し、物質（量子）から精神（意識）が生じるプロセスを説明しようとする野心的な試みである。

マーシャル・マクルーハン『人間拡張の原理――メディアの理解』高儀進・後藤和彦訳（竹内書店新社、一九七九年）

メディアとは人間の能力を拡張するものであるという独自の観点から、あらゆるジャンルにわたる人間の拡張をその心理的・社会的な影響をも含めて考察している。本書は、改めて人間を反省するために役立つ古典的名著である。

西垣通『こころの情報学』〈ちくま新書〉（筑摩書房、一九九九年）

生命と情報の相関性から、情報を生命の意味作用と考え、機械の心・動物の心・ひとの心・サイバーな心という観点から論じている。情報から心を俯瞰するという仕方で、文理横断的に人間について考えるために役立つ知的冒険の書。

伊勢田哲治『動物からの倫理学入門』（名古屋大学出版会、二〇〇八年）

本書は動物に関する倫理の問題を論じつつ、現代の英米の倫理学を中心に紹介する入門書。動物の事例の検討は、実は人間についての議論を試すことでもある。また、倫理学の諸説や立場を概観できる入門書としても出色である。

◆情報倫理に関心のある人に

水谷雅彦・土屋俊・越智貢編『情報倫理学――電子ネットワーク社会のエチカ』（ナカニシヤ出版、

二〇〇〇年）

この書をもって日本における情報倫理学研究の嚆矢とすることができる記念碑的な論集である。ミクロな問題解決よりもマクロな視点から情報倫理を俯瞰する学問的反省を重視することを説いた、開拓の書と考えてよいだろう。

水谷雅彦・土屋俊・越智貢編『情報倫理の構築』〈ライブラリ電子社会システム5〉（新世社、二〇〇三年）

前掲書に続き、「情報倫理学」という領域開拓の成果である。本書では、基礎的な考察からプライバシー、情報の共有、情報倫理教育、医療情報、内部告発、社会調査分析までの多岐にわたる内容で「情報倫理学」の構築を試みている。

ペッカ・ヒマネン『リナックスの革命――ハッカー倫理とネット社会の精神』安原和見・山形浩生訳（河出書房新社、二〇〇一年）

ネットワーク社会における新たな労働倫理や金銭倫理などを軸に、ハッカー倫理とポスト資本主義の精神を分析した書。本書でも言及したネットワーク社会の独自の倫理（ありかた）をあらためて考えるための素材を提供してくれる。

ヒューバート・L・ドレイファス『インターネットについて――哲学的考察』石原孝二訳（産業図書、二〇〇二年）

本書はインターネットの四つの側面に注目して考察することにより、リアリティと意味は身体と現実世界との関係性のなかに宿ることが論定される。ネットのような人工的装置がその代替物たりえないという否定的見解を提出することにより反省をせまる。

矢野直明『インターネット術語集――サイバースペースを生きるために』〈岩波新書〉（岩波書店、二〇〇〇年）

本書はサイバースペース（情報空間）を理解するための共通の認識となるべき情報を手軽に入手するための格好の手引きになると思われる。わずか三十六項目が厳選されて解説されているが、最低限知っておくべき事項は網羅されている。

K. E. Himma and H. T. Tavani ed., *The Handbook of Information and Computer Ethics*, Wiley-Interscience, 2008

入門書とはいえないが、全体で六部二十七章を費やして、斯界の代表的な研究者が情報倫理をめぐる伝統的あるいは最新の問題を数多く扱っている。基礎的問題や方法論的枠組みから、さまざまな個別的問題にまでわたって網羅している基本書。

◆生命倫理に関心のある人に

H・トリスラム・エンゲルハート／ハンス・ヨナス他『バイオエシックスの基礎』加藤尚武・飯田亘之編（東海大学出版会、一九九六年）

生命倫理に関心をもつ人ならば誰でも、まずこれを繙《ひもと》く必要があるだろう。欧米の生命倫理に関する古典的な重要テクストがほぼ網羅されていて、生命・人格・死・治療と実験・医療の配分といった問題を考える上での基本書である。

岡本裕一朗『異議あり！生命・環境倫理学』（ナカニシヤ出版、二〇〇二年）

生命倫理学と環境倫理学の終焉を説く挑発的な書。全体として応用倫理の脱構築を目指しているとはいえ、自己決定権を武器にした本音での諸問題への切り口は参考になるし、生命倫理を学ぶ上での入門書としても役に立つ。

赤林朗編『入門・医療倫理 I』(勁草書房、二〇〇五年)

本書では生命倫理問題を扱う際の論拠となる理論の歴史的経緯や長所・短所が平明に解説されている。その上で、医学的・法律的な観点から、原理偏重ではなく、現場を踏まえかつ体系的に書かれているので、初学者は必携の入門書である。

多田富雄・中村雄二郎編『生命——その始まりの様式』(誠信書房、一九九四年)

「人の生命はどこから始まるのか」という問題は、さまざまな生命倫理的な問題にともない切実なものになってきている。本書では、自然科学の最新の知見に基づくとともに人間や文化に関わるものとして、この問題を識者たちがさまざまな角度から考察している。

立岩真也『私的所有論』(勁草書房、一九九八年)

人は自分の身体を「所有」しているのかという問いから、自己決定の問題、公平性の問題、他者の問題、生命倫理の諸問題などに取り組んだ労作。本書の基本的な視点は他者性であり、他者性を最大限に保存する社会を眺望する。

H. Kuhse and P. Singer ed., *A Companion to Bioethics*, Blackwell, 2001

入門書とはいえないが、全体で十四部四十六論文を収録している浩瀚《こうかん》ではあるが、有益なガイドブック。生命倫理に関わるあらゆる問題を考えるときのリファレンスとして活用するためにも、是非とも手元においておきたい文献である。

◆『スタートレック』に関心をもった人に（おまけ）

アシーナ・アンドレアディス『スタートレック科学読本』野村政夫訳（徳間書店、一九九九年）

ハーバード大学医学部の分子生物学者が生物学的見地から、『スタートレック』に登場する生命体の存在可能性をまじめに検証する本。細胞の基本構造から脳の意図をもったカオス、あるいは遺伝子の世界から社会構造まで幅広く扱う。

岸川靖『スタートレック［パラマウント社公認］オフィシャルデータベース』（ぶんか社、一九九八年）

スタートレックの解説書やガイド本は数多あるが、シリーズの設定や世界観を手軽に知るための入門書としてはこれ一冊で十分であろう。

Michael Okuda, Denise Okuda and Debbie Mirek, *STARTREK ENCYCLOPEDIA A reference guide to the future*, Simon&Schuster, 1994

前掲書で物足りない人は、この体系的かつ網羅的な百科事典的ガイドがお勧めである。ビギナーのみならずファン必携のリファレンス本の決定版である。

おわりに

『スタートレック』に夢中になったのはいつの頃からだっただろう。筆者が大学院生の時に『新スタートレック』の放映を見て、「これは倫理学のネタになるなぁ」と思ったのもはるか昔の話。レーザーディスクを買い揃えて、講義の際に『スタートレック』ネタで受けを狙うことは、現在も続いている。

本書は、情報や生命をめぐる個別的な倫理的問題を扱ってはいるが、通底する問題意識は「人間とは何か」である。それゆえ、科学技術の高度な発達にともなって、情報や生命の領域で生じているさまざまな軋轢《あつれき》を手がかりに、「人間のありかた」についてのスキームを提示することがさしあたりの課題であった。ただ、体系性と統一性に腐心するあまり、抽象的な思弁に終始する結果になっているという批判は甘んじて受けなければならないだろう。しょせん、机上の空論、砂上の楼閣、そうかもしれない。しかし、この種の現実的かつ具体的な問題を原理的な次元で考察することは決して無意味ではないと思う。原理的次元での新しい視点は、具体的な問題にも光を与える。とはいえ、本書は突っ込みどころ満載なので、ご批判やご指導のほどよろしくお願いいたしたい。読者に「これはおかしいのではないか」、「説得力に欠ける」、「わかりにくい」と言われれば、しめたものである。議論の対象になるからである。

本書の基本的アイデアは、筆者の恩師であり、学生時代、助手時代を通してご指導いただいた細川亮一先生（九州大学文学部教授）のご論考「個体と特殊者」に全面的に負っている。記して、感謝したい。また、本書を執筆するにあたり、いろいろとお世話になった先輩、同僚、後輩は多いが、いちいち名を挙げるのは控えさせていただく。ただ、同僚の物理学者である渡辺竹千代教授には、序章に関して貴重なアドバイスをいただいたことは記して感謝したい。

なお、本書で紹介した『新スタートレック』の内容は各種エピソードガイドを参考にしたことを感謝とともに付記しておく。

最後になったが、ナカニシヤ出版の津久井輝夫氏には、何年もの間、筆者の怠慢に辛抱強くおつきあいいただき温かく見守っていただいたことに御礼申し上げる。

なお、本書を父と亡き母に献じたいと思う。

二〇一〇年一月八日

渡部　明

事項索引

ナ　行

永田えり子　196
西垣通　186, 187
ニーチェ（Friedrich Wilhelm Nietzsche）　35, 187
ヌーナン（J. T. Noonan）　122, 194
沼正三　198
ノージック（Robert Nozick）　192

ハ　行

ハイデガー（Martin Heidegger）　35, 44, 187
ハクスリー（A. L. Huxley）　146, 157, 198
ハーバーマス（Jürgen Habermas）　49, 50, 187
パーフィット（Derek Parfit）　81, 89–92, 95, 96, 191, 192, 199
ハーマン（Gilbert Harman）　191
バーロウ（John Perry Barlow）　75, 190
廣瀬道孝　187
フーコー（Michel Foucault）　173, 199
フロム（Erich Fromm）　154, 198
ヘアー（R. M. Hare）　132, 133, 135, 197
ベッカリーア（Cesare Beccaria）　170, 172–174, 182, 199
ベル（Daniel Bell）　103
ベンサム（Jeremy Bentham）　173, 174, 199
ペンローズ（Roger Penrose）　22, 23, 25, 185
ホーキング（Stephen Hawking）　*i*
ポスター（Mark Poster）　50, 187
細川亮一　187
ホッブス（Thomas Hobbes）　19, 171

マ　行

マクドノウ（A. M. McDonough）　103, 192
マクルーハン（Marshall McLuhan）　105, 106, 193
マッキー（J. L. Mackie）　196
マッハルプ（Fritz Machlup）　102, 192
マルクス（Karl Marx）　*ii*
水谷雅彦　195
三原憲三　198
宮台真司　199
ミンスキー（Marvin Minsky）　185
村井純　190
森鷗外　142
森岡正博　187, 194, 195, 198
モンテスキュー（Charles-Louis de Montesquieu）　171

ヤ　行

矢野直明　187
山口意友　198
吉岡洋　187
吉田純　187
吉田民人　85, 191

ラ・ワ　行

ライプニッツ（Gottfried Wilhelm Leibniz）　19
ルソー（Jean-Jacque Rousseau）　170, 171, 174, 182, 199
レビー（Steven Levy）　189
ロック（John Locke）　82, 83, 86–88, 191
和辻哲郎　44, 187

人名索引

著者略歴

渡部　明（わたなべ・あきら）

1960年　大阪市に生まれる。

1992年　九州大学大学院文学研究科博士課程中退。

現　在　元東和大学教授。

著　書　『情報とメディアの倫理』〔共著〕〈シリーズ人間論の21世紀的課題〉（ナカニシヤ出版，2007年），『ビジネス倫理学――哲学的アプローチ』〔共著〕（ナカニシヤ出版，2004年），『生と死の倫理学――よく生きるためのバイオエシックス入門』〔共著〕（ナカニシヤ出版，2002年），他。

生命と情報の倫理

――『新スタートレック』に人間を学ぶ――

2010年4月20日　初版第1刷発行

著者　渡部　明

発行者　中西健夫

発行所　株式会社　ナカニシヤ出版

〒606-8161　京都市左京区一乗寺木ノ本町15

TEL（075）723-0111

FAX（075）723-0095

http://www.nakanishiya.co.jp/

印刷・サンエムカラー／製本・藤沢製本

＊乱丁本・落丁本はお取り替え致します。

ISBN978-4-7795-0417-4　Printed in Japan

情報とメディアの倫理

シリーズ〈人間論の21世紀的課題〉⑦

渡部明・長友敬一・大屋雄裕・山口意友・森口一郎

ITの進歩と普及に伴い、変容を迫られる現代社会の規範を捉え直すために高度情報化社会の現状を見定め、「情報」「メディア」「知識」「法」などの概念を再解釈しつつ、新たな「倫理」の射程を探究する。

一九九五円

倫理学の地図

篠澤和久・馬渕浩二 編

倫理学史と応用倫理学を組み合わせることで、「地図」として捉えた倫理学の世界を自在に巡り歩く。古来からの定番のテーマから、現代の新しい問題まで分かりやすく解説した、倫理学を基本から学ぶのに最適の一冊。

二七三〇円

看護が直面する11のモラル・ジレンマ

小林亜津子

同僚のミスを告発すべきか、胎児の実験利用は認められるか、出生前診断や遺伝子改良は許されるか等、医療現場の難問に挑み、決断への道標を示す。読者が自ら考える力を身につけられる看護倫理学への入門書。

二五二〇円

倫理問題に回答する

—応用倫理学の現場—

小阪康治

「実例なき倫理観は空虚であり、方法なき実例研究は盲目である」という考えのもと、病腎移植・捕鯨・食品偽装など身近な社会問題について明快に答えながら、倫理学的な判断の基準を探る、新しい倫理学入門。

二三一〇円

＊表示は二〇一〇年四月現在の税込み価格です。